Liebe Leserin, lieber Leser!

Mit dem Kauf der gedruckten Ausgabe erhalten Sie die Möglichkeit, kostenlos eine digitale Version dieses Buches zu nutzen. Und so geht's:

1. Registrieren Sie sich unter http://www.opensourcepress.de/voucher

2. Geben Sie dort Ihren persönlichen Code ein:

   eeBov8phor

3. Nutzen Sie die E-Book-Ausgabe des Buches – wann immer und wo immer Sie möchten!

Damit wir diesen Service auch künftig anbieten können, bitten wir Sie um die Beachtung folgender Hinweise:

- Geben Sie Ihren persönlichen Code nicht an Dritte weiter.
- Die Online-Ausgabe unterliegt den gleichen urheberrechtlichen Bestimmungen wie das gedruckte Buch und ist ausschließlich für Ihre persönliche Nutzung bestimmt.
- Die Bereitstellung für Dritte z.B. über das Internet oder Intranets ist ausdrücklich untersagt.

Wir danken Ihnen für Ihr Verständnis und wünschen Ihnen eine interessante Lektüre – ob in gedruckter oder digitaler Form!

Ihr Team von Open Source Press

Gunnar Wrobel

JavaScript Tools

Besserer Code durch eine professionelle
Programmierumgebung

Open Source Press

Bibliografische Information der Deutschen Nationalbibliothek

Die Deutsche Nationalbibliothek verzeichnet diese Publikation in der Deutschen Nationalbibliografie; detaillierte bibliografische Daten sind im Internet über http://dnb.d-nb.de abrufbar.

Copyright © 2015 Open Source Press GmbH
Gesamtlektorat: Dr. Markus Wirtz
Satz: textovia web application (http://textovia.com)
Umschlaggestaltung: Lena Levitina
Gesamtherstellung: Kösel, Krugzell

ISBN: 9783955391157 (gedruckte Ausgabe)   http://www.opensourcepress.de

Inhaltsverzeichnis

Vorwort

Als ich vor einiger Zeit die Aufgabe erhielt, an einem komplexeren JavaScript-Projekt mitzuarbeiten, fehlte mir die Dokumentation für eine geeignete JavaScript-Entwicklungsumgebung. Viele der im Folgenden beschriebenen Werkzeuge wollten erst ausgesucht, verstanden und getestet werden, um zu einer produktiven Arbeitsumgebung zu gelangen.

Genau hier setzt dieses Buch an: Anhand eines zunehmend komplexeren Beispiels bauen wir eine vollständige Entwicklungsumgebung auf.

Folglich werden Sie die Lektüre nur eingeschränkt genießen, sofern keine JavaScript-Kenntnisse vorhanden sind. Der Umgang mit der Kommandozeile sollte Ihnen ebenfalls vertraut sein, denn alle beschriebenen Werkzeuge lassen sich darüber schnell und einfach ansprechen. Ein spezieller Editor wird nicht vorausgesetzt, aber zumindest die Integration mit JSHint oder jslint ist beim Schreiben von JavaScript-Code sehr hilfreich. Ich selbst nutze Emacs, und mir genügen dessen JSHint-Integration und das Syntax-Highlighting.

Neben diesen überschaubaren technischen Voraussetzungen gilt: Das Buch wendet sich an Entwicklerinnen und Entwickler, die ihre Software testgetrieben entwickeln oder doch zumindest mit zahlreichen Tests versehen. Es bietet einen guten Überblick, wie Sie Ihren Code von Beginn an auf Qualität prüfen und wie Sie die Tests sowohl unter Node.js als auch in verschiedenen Browsern laufen lassen.

Damit ist die Grundlage für eine professionelle Softwareentwicklung gelegt, wie sie auch bei anderen Sprachen selbstverständlich ist.

Warum JavaScript?

JavaScript hat eine eher ungewöhnliche Geschichte: Die Sprache entstand 1994 und kam lange Zeit nur im Browser zum Einsatz. Sie hielt mit der rasanten Entwicklung des World Wide Web Schritt und ist aus modernen Webseiten oder Webapplikationen nicht mehr wegzudenken. Andere Ansätze, Webseiten dynamisch zu gestalten – seien es eingebundene Java-Plugins oder Flash-Seiten – sind mittlerweile obsolet oder zumindest auf dem Rückzug. HTML5, CSS3 und JavaScript erlauben es, Webseiten zu gestalten, die in Sachen Funktionalität und Bedienung nah an Desktop-Applikationen herankommen.

Zugleich war der Werkzeugkasten der JavaScript-Entwicklung lange Zeit recht dürftig ausgestattet. In vielen anderen Sprachen gehörten Style-Checks, Code-Analysen und Unit-Testing von Anfang an zum Repertoire. Der JavaScript Style-Checker jslint wurde im Jahr 2002 veröffentlicht, acht Jahre nach der Geburt der Sprache, und ein Buch zur testgetriebenen JavaScript-Entwicklung erschien erst 2010.[1]

Die Fokussierung auf den Browser und die Tatsache, dass JavaScript-Dateien nur selten sehr groß wurden, sind naheliegende Erklärungen. Aber das World Wide Web erfasste immer größere Bereiche, und die JavaScript-Spezifikation wuchs mit; immer mehr Webseiten nutzen das zur Verfügung stehende Toolset, und es entstehen immer komplexere Webanwendungen.

Kaum ein Nutzer kommt heute noch auf die Idee, JavaScript im Browser zu deaktivieren – was früher aus Sicherheitsgründen gerne empfohlen wurde. Viele große Webseiten funktionieren ohne JavaScript gar nicht mehr.

Mit den zunehmenden Anforderungen wächst auch die Code-Basis und damit der Bedarf an Entwicklungswerkzeugen zur Code-Analyse oder zum Unit-Testing.

Node.js ermöglichte den nächsten großen Schritt. Zwar gibt es Alternativen, die JavaScript serverseitig implementieren und schon länger existieren, aber keine hat die JavaScript-Welt so nachhaltig verändert wie Node.js. In nur drei Jahren sind zahlreiche Node.js-basierte Werkzeuge entstanden, die die professionelle JavaScript-Entwicklung unterstützen. Gleichzeitig lässt sich mit Hilfe von Node.js ein Webserver betreiben, so dass man auch den Backend-Teil einer Applikation in JavaScript schreiben kann.

Damit empfiehlt sich JavaScript plötzlich in einem deutlich umfassenderen Kontext: Im Frontend ohnehin Standard, ist es nun auch Grundlage des Backend. Warum in unterschiedlichen Sprachen und Entwicklungsumgebungen arbeiten, wenn es nicht unbedingt notwendig ist?

Der JavaScript-Boom der vergangenen Jahre hat also handfeste technische Gründe, und es ist Ziel dieses Buches, zur weiteren Professionalisierung der JavaScript-Programmierung beizutragen.

JavaScript durch Node.js wie auch im Browser interpretieren zu lassen, stellt unsere geplante Entwicklungsumgebung aber vor ein Problem: Müssen es nicht eigentlich zwei Entwicklungsumgebungen sein? Kommen je nach Laufzeitumgebung nicht ganz unterschiedliche Werkzeuge

---

1 Christian Johansen, „Test-Driven JavaScript Development", Addison-Wesley Professional, 2010.

zum Einsatz? Nicht zwingend, und darum setzen wir in diesem Buch auf eine Entwicklungsumgebung mit nur einem Set an Werkzeugen. Ob der auf dieser Basis entwicklte Code unter Node.js, im Browser oder in beiden Laufzeitumgebungen laufen soll, spielt keine Rolle, so dass sich der Aufwand beim Setup neuer Projekte deutlich reduziert.

Die hier beschriebene Entwicklungsumgebung setzt sich aus Werkzeugen zusammen, die über ein breites Spektrum von Projekten sinnvoll einsetzbar sind. Darüber hinaus sind sie frei verfügbar, besitzen eine aktive Community und sind unkompliziert in der Handhabung. In den jeweiligen Kapiteln sind die Gründe für die Auswahl des ein oder anderen Tools beschrieben, was – je nach Konkurrenz – mal einfacher, mal schwieriger ist.

Zum Aufbau des Buches

Obligatorisch für die JavaScript-Entwicklung ist mindestens ein Sprach-Interpreter. Bei den meisten anderen Programmiersprachen gibt es in diesem Punkt wenig Auswahl: den einen Compiler oder Interpreter, den die Sprache mitliefert. Für JavaScript wäre das, historisch betrachtet, der Interpreter im Netscape Navigator – allgemeiner gefasst: JavaScript-Interpreter innerhalb der Browser. Für die professionelle Softwareentwicklung ist das aber keine Lösung, denn Browser sind primär für die Anzeige gedacht und taugen kaum als IDE bzw. Texteditor.

Üblicherweise schreiben Entwicklerinnen und Entwickler ihren Code in spezialisierten IDEs, die nicht einmal an eine Sprache gebunden sind, sondern über Plugins mit dem jeweiligen Sprach-Interpreter oder Compiler kommunizieren. Diese Aufteilung hat sich in der professionellen Entwicklung bewährt. Für JavaScript bleibt damit genau eine Option, denn aktuell unterstützt nur Node.js dieses Setup effektiv.

Kapitel 1 und Kapitel 2 widmen sich darum eben dieser Basis und geben einen Überblick über Node.js und npm, das Werkzeug, mit dem Sie weitere Arbeitsmittel installieren. Wer sich schon mit beiden Tools gut auskennt, kann diese Kapitel überspringen.

JavaScript hat eine sehr lockere Sprachdefinition, und entsprechend schnell schleichen sich Fehler ein. Glücklicherweise lassen sich viele sehr einfach und sehr früh abfangen. Den dafür notwendigen Syntax-Checker beschreibt Kapitel 3; er ist für die JavaScript-Entwicklung essentiell.

Die Entwicklungsumgebung wird in Kapitel 4 um ein Build-System erweitert. Es kümmert sich darum, sämtliche Werkzeuge in einer einheitlichen API zusammenzufassen. So lassen sich alle in diesem Buch behandelten Tools über einen einfachen Satz an Befehlen über die Kommandozeile ausführen.

Das zweite wichtige Verfahren zur Qualitätssicherung neben JSHint sind automatisierte Tests, gerade bei der JavaScript-Programmierung kein einfaches Thema; schließlich gibt es mit den Browsern und Node.js zwei grundverschiedene Laufzeitumgebungen.

Je nach Projekt sind die Anforderungen an Tests sehr unterschiedlich. Kapitel 5, Kapitel 6 und Kapitel 8 versuchen den Spagat und bauen mit Mocha und Karma ein Test-Setup auf, das Code sowohl unter Node.js als auch im Browser einwandfrei testet. Das resultierende Test-Framework können Sie in jedem beliebigen JavaScript-Projekt einsetzen.

Schließlich muss es für Projekte, in denen Code für den Browser geschrieben wird, auch noch ein Werkzeug geben, das den JavaScript-Code z.B. durch Konkatenieren und Minifizieren für den Einsatz im Browser vorbereitet. Kapitel 9 kümmert sich um diesen Arbeitsschritt.

In Anhang A finden Sie eine Übersicht über sämtliche JSHint-Optionen und -Fehlermeldungen. Sie dient als Referenz und erste Anlaufstelle bei Fehlern während des JSHint-Laufs.

Als „Zugabe" beschreibt Anhang B den JavaScript Style-Checker `jscs`, der für die Entwicklung nicht essentiell ist. `jscs` überwacht einen Satz stilistischer Regeln, sozusagen die Schönschrift beim Programmieren. Gerade in größeren Teams zahlt sich der Einsatz von `jscs` aber schnell aus.

Anhang C nimmt sich abschließend die Zeit, die Auswahl der Werkzeuge aus der zweiten Hälfte des Buches näher zu beleuchten. Diese eher theoretische Betrachtung ist etwas umfangreicher und hätte den Fluss der praxisorientierten Kapitel gestört. Es gibt aber sicher Kolleginnen und Kollegen, die in diesem Buch Beschreibungen von Werkzeugen wie Browserify, AMD, nodeunit und anderen erwarten; diesen möchte ich erklären, warum das Ziel – eine Entwicklungsumgebung für beide JavaScript-Laufzeitumgebungen – genau die hier beschriebene Auswahl bedingt.

Das Beispiel

Um mit JavaScript nicht „auf dem Trockenen" zu entwickeln, bauen die Kapitel dieses Buches Stück für Stück reale Funktionalität auf. Ziel ist eine kleine Anwendung, die den Nutzer an Geburtstage erinnert. Das Resultat ist sicher nicht dazu angetan, Begeisterungsstürme zu entfachen, aber es bietet einen überschaubaren Kontext mit praxisrelevanten Anforderungen an die Entwicklung.

Am Ende steht eine Applikation, die sowohl im Browser als auch unter Node.js funktioniert und deren sauberer Code eine gute Testabdeckung aufweist.

Das github Repository

Seit der Veröffentlichung von Node.js legt die JavaScript-Community ein rasantes Tempo bei der Entwicklung neuer Werkzeuge vor. Wöchentlich gesellen sich neue hinzu, und die bereits veröffentlichten erfahren Erweiterungen und Verbesserungen.

Das gibt Entwicklern immer neue Features an die Hand, andererseits ist nicht ausgeschlossen, dass nach einer Aktualisierung plötzlich obskure Fehler auftreten, weil sich ein Projekt weiterentwickelt, ein anderes aber noch nicht darauf eingestellt hat.

Wir versuchen dieses Problem in den folgenden Kapiteln zu vermeiden, indem wir die zu verwendenden Versionen festschreiben. Dennoch ist – aufgrund der Arbeitsweise von npm – nicht auszuschließen, dass im Ablauf der Beispiele in einem halben Jahr ein Fehler auftritt.

Darum haben wir ein github-Repository aufgesetzt,[2] in dem Sie alle Code-Beispiele dieses Buches finden. Der master-Branch enthält nur eine README-Datei, die Aufbau und Verwendung des Repositorys beschreibt.

Natürlich darf das Repository auch gerne geklont werden, um Tipparbeit zu sparen und jederzeit an einen beliebigen Punkt im Buch zu springen, die angegebenen Beispiele auszuprobieren.

Und natürlich freue ich mich, wenn Sie – sollte sich ein Fehler finden – den zum Repository gehörigen Bugtracker nutzen, um mir das Problem mitzuteilen.

Dank

Bedanken möchte ich mich bei den Menschen, die mich zur Arbeit an diesem Buch ermutigt und die auf ganz unterschiedliche Weise Anteil an seinem Erscheinen haben.

---

2 https://github.com/wrobel/geburtstage

Das erste Dankeswort gilt Michael Draws. Ohne ihn und einen feucht-fröhlichen Abend auf einem Berliner Weihnachtsmarkt wäre das Buch nicht entstanden.

Beträchtliche Arbeit mit diesem Buch hatte Markus Wirtz, dem ich für das hervorragende Lektorat und auch dafür danken möchte, dass er dem Projekt ohne weiteres Zögern zugestimmt hat. Vielen Dank auch an seine Mitstreiterin, Gerlinde Regensburger, die für die bessere Lesbarkeit und das Finetuning gesorgt hat.

Großen Anteil an der inhaltlichen Konzeption hat mein Kollege und Tischnachbar Franz Antesberger. Er hat nicht nur unermüdlich mit mir am Aufbau der hier beschriebenen Build-Chain gearbeitet, sondern auch bereitwillig in zahllosen Diskussionen Wissen geteilt und die Rohfassung dieses Buches überarbeitet. Ihm möchte ich ganz herzlich für die wunderbare Unterstützung danken.

Dank auch an Ingo Reinhard und Hape Zerres, zwei Kollegen, mit denen ich immer noch gerne in einem Team arbeiten würde. Beide haben sich ebenfalls durch die Rohfassung dieses Buches gequält und mit wertvoller Kritik zum Gelingen des Projekts beigetragen.

Außerdem möchte ich Matthias Bärwolff, Björn Dannemann, Tobias Deekens, Sven-Olaf Ehmann, Matthias Erche, Sebastian Misch, Stefan Schubert-Peters, Daniel Stepper und Achim Rippegather für zahlreiche Diskussionen im Team und den Aufbau einer Entwicklungsumgebung, die weit über das hier beschriebene Setup hinausgeht, danken. Euer Elan und Eure Begeisterungsfähigkeit haben mir in den letzten Monaten sehr imponiert.

Und natürlich danke ich der E-Post Development GmbH, denn ohne die Aufgabe, die Ende-zu-Ende-Verschlüsselung für den E-POSTBRIEF zu entwickeln, hätte es wohl kaum einen Grund gegeben, sich derart intensiv mit der JavaScript-Entwicklungsumgebung zu beschäftigen.

Zu guter Letzt gilt mein Dank den drei Menschen, die den größten Platz in meinem Herzen einnehmen. Ohne Euch würde gar nichts gehen.

Gunnar Wrobel, Januar 2015

Node.js

Beginnen wir in der Tradition „klassischer" Einführungen in Programmiersprachen mit folgender Code-Zeile:

```
console.log('Hello world!')
```

Die durch `console.log()` erzeugte Ausgabe `Hello world!` passt nicht zu unserem Geburtstagsthema, so dass wir sie ein wenig abwandeln:

```
console.log('Gunnar Wrobel hat heute Geburtstag. Kaufe ein Geschenk!')
```

Die Zeile verwendet die Funktion `console.log()`, der wir eine Zeichenkette zur Ausgabe übergeben. Natürlich erfolgt die Ausgabe nicht, solange diese JavaScript-Zeile nicht interpretiert wird.

Der Browser ist für die schnelle Interpretation von JavaScript nicht mehr zeitgemäß. Als Werkzeug auf der Kommandozeile ist Node.js die deutlich bessere Wahl, weshalb wir es als Grundlage der hier aufzubauenden Entwicklungsumgebung nutzen. Aber was ist dieses recht junge Node.js überhaupt, und wie lässt es sich im System installieren?

1.1 Die Geschichte von Node.js

Der Erfinder von Node.js, Ryan Dahl, startete das Projekt 2009. Veröffentlicht wurde es im Jahr 2011, und heute, nur drei Jahre später, hat es die JavaScript-Entwicklung revolutioniert.

Node.js basiert auf der V8-Maschine, dem JavaScript-Interpreter in Googles Browser Chrome; allerdings hat es den Ballast des Browsers abgeworfen. Node.js hat nichts mehr mit der Darstellung und Bedienung von Webseiten zu tun, sondern konzentriert sich auf die Serverseite bzw. die Kommandozeile.

Man kann es auch so sagen: Damit wird JavaScript zu einer „richtigen" Programmiersprache, obgleich sich am Standard der Sprache selbst nichts geändert hat. Allein die Umgebung, in der JavaScript lauffähig ist, hat sich vollkommen gewandelt.

War JavaScript bis dahin ausschließlich im Browser ausführbar, genügt mit Node.js ein kurzer Aufruf auf der Kommandozeile. Zudem meistert JavaScript plötzlich all jene Aufgaben, die andere Programmiersprachen quasi von Geburt an beherrschen.

Darüber hinaus lässt sich mit Node.js auch ein HTTP-Server realisieren, so dass Sie das Backend ebenfalls in JavaScript schreiben können und für diesen Anwendungsteil nicht mehr nach PHP oder Java umdenken müssen: Sie entwickeln Backend und Frontend ohne Technologiebruch mit denselben Werkzeugen! Und ganz nebenbei fällt damit für eingefleischte Backend-Programmierer die Hürde für den JavaScript-Einstieg.

Node.js ist ein beeindruckender Brückenschlag gelungen, obgleich die Idee hinter dem Projekt wohl weniger die Vereinheitlichung von Backend- und Frontendtechnologie war, sondern die Möglichkeit, serverseitig mit nicht-blockierender, ereignisbasierter Kommunikation zu arbeiten. Dieser Kommunikationstyp zeichnet sich dadurch aus, dass bei Aufrufen über das Netzwerk oder Zugriffen auf das Dateisystem eine Rückruf-Funktion (*Callback*) übergeben und nicht gewartet wird, bis die Antwort über das Netzwerk oder der Dateizugriff mit Daten zurückkommt. Sofern der Interpreter noch andere Aufgaben zu erfüllen hat, wird er diese erledigen. Sobald jedoch eine Antwort auf einen Aufruf eintrifft, kümmert sich der Interpreter darum, dass der übergebene Callback mit dieser Antwort aufgerufen wird. Der Code des Callbacks bewerkstelligt dann die weitere Verarbeitung dieser Antwort.

Das Entscheidende an diesem Paradigma ist, dass nicht „blockierend" auf eine Antwort gewartet, sondern die Wartezeit für andere Aufgaben genutzt wird. In vielen Programmiersprachen ist dies derzeit ein heißes Thema, das oftmals durch eigene Frameworks bewerkstelligt wird. In Node.js ist es Grundbestandteil der Software, was sicher nicht unerheblich zum Erfolg des Projekts beiträgt.

Sicher muss man für das Frontend geschriebenes JavaScript immer noch in verschiedenen Browsern testen, denn die JavaScript-Engines der Browser-Hersteller unterscheiden sich deutlich voneinander, und auch JavaScript selbst hat seine Eigenarten. Dennoch sind das vergleichsweise geringe Probleme, die den Erfolg von JavaScript und Node.js nicht bremsen können.

1.2 Installation

Node.js ist unter Linux, Mac OS und Windows einfach zu installieren. Die Pakete finden sich auf der Projekt-Webseite.[1] Im Normalfall sollte das JavaScript auf dieser Seite in der Lage sein, das Betriebssystem des anfragenden Rechners zu identifizieren, so dass Sie über die Schaltfläche Install das passende Paket herunterladen. Funktioniert die Erkennung nicht, finden Sie alle Varianten auch im Download-Bereich.[2]

Das heruntergeladene Installationspaket lässt sich üblicherweise mit den Bordmitteln des jeweiligen Betriebssystems installieren. Alternativ nutzen Sie für die Installation von Node.js auf Linux- oder Mac-OS-Maschinen den Paketmanager. Für Distributionen wie Fedora oder SUSE gibt es RPM-Pakete, für Debian deb-Pakete und unter Mac OS stehen MacPorts oder Homebrew als Paketmanager zur Verfügung.

Bei Verwendung des Paketmanagers nutzt man zwar selten die neueste Version, aber das muss kein Nachteil sein: Node.js ist, obwohl noch keine Version 1.0 erschienen ist, recht stabil und bringt nicht mit jeder Minor-Version spannende neue Fähigkeiten mit.[3] Der Vorteil der Installation über den Paketmanager ist jedoch, dass andere den Qualitätscheck übernehmen, d.h. es wird geprüft, ob es Sicherheitsupdates für das Paket gibt und welche Version unter den gegebenen Bedingungen die vernünftigste Balance zwischen Sicherheit und Stabilität bietet.

---

1 `http://nodejs.org`

2 `http://nodejs.org/download`

3 Mit JavaScript I/O (`https://iojs.org/`) ist im Dezember 2014 ein Node.js-Fork an den Start gegangen – und das gleich in Version 1.0.0. Es bleibt abzuwarten, wie sich die beiden Projekte weiter- bzw. auseinanderentwickeln.

Wir gehen im Weiteren davon aus, dass der Befehl node auf der Kommandozeile zur Verfügung steht.

1.3 JavaScript ausführen

Damit ist die Voraussetzung erfüllt, die oben geschriebene Code-Zeile auch auszuführen. Der folgende Kommandozeilen-Aufruf geht davon aus, dass diese in der Datei geburtstag.js gespeichert wurde:

```
$ node geburtstag.js
Gunnar Wrobel hat heute Geburtstag. Kaufe ein Geschenk!
```

Für die Interpretation des JavaScript-Codes genügt also der Aufruf von node mit Angabe des Pfads der zu interpretierenden Skript-Datei.

Enthält die angegebene Datei ein komplexeres Programm, kann es sinnvoll sein, dem Skript weitere Argumente bzw. Optionen mitzugeben. Das geschieht nach der Pfadangabe der Skript-Datei:

```
$ node process.js A --B C --D
[ 'node',
  './process.js',
  'A',
  '--B',
  'C',
  '--D' ]
```

Innerhalb des Skripts process.js stehen diese Argumente über die Variable process.argv zur Verfügung:

```
console.log(process.argv)
```

Damit ist auch schon die Kernfunktionalität von Node.js beschrieben. Es gibt darüber hinaus keine häufig genutzten Optionen, die die Arbeitsweise von Node.js grundlegend verändern. Zwar existiert eine Reihe von Optionen für den V8-Interpreter-Kern von Node.js, die Sie auch via node-Optionen an V8 übergeben; bei Standardprojekten kommen diese jedoch kaum zum Einsatz. Sie sind allenfalls von Interesse, wenn Sie sehr tief in die Sprache bzw. ihre Weiterentwicklung einsteigen.

1.4 Interaktives JavaScript

Node.js bietet einen zweiten Modus: Mit dem Aufruf node (ohne weitere Argumente) geht Node.js in die direkte Interpretation von JavaScript über und bietet einen sogenannten *Read-Eval-Print Loop* (REPL), also eine Lesen-Auswerten-Schreiben-Schleife, an. Node.js erwartet dann in jeder Zeile eine Eingabe des Benutzers, wertet diese als JavaScript aus und zeigt die resultierende Rückgabe an:

```
$ node
> var a = 1
undefined
> a + 1
2
> "Gunnar Wrobel hat heute Geburtstag. Kaufe ein Geschenk!"
'Gunnar Wrobel hat heute Geburtstag. Kaufe ein Geschenk!'
> console.log("Gunnar Wrobel hat heute Geburtstag. Kaufe ein Geschenk!")
Gunnar Wrobel hat heute Geburtstag. Kaufe ein Geschenk!
undefined
>
```

Die erste Zeile definiert die Variable a als 1. Das erzeugt keine Rückgabe, was der Interpreter mit undefined quittiert. Danach wird a um 1 erhöht. Die Rückgabe wird keiner anderen Variablen zugewiesen, sondern an den Interpreter zurückgegeben, der das Ergebnis 2 anzeigt. In der dritten Zeile wird lediglich eine Zeichenkette angegeben. Da keine Funktion aufgerufen oder die Kette einer Variablen zugewiesen wird, ist die Zeichenkette auch der Rückgabewert und landet in der Ausgabe. Schließlich wird dieselbe Zeichenkette als Argument für die Funktion console.log() verwendet und folglich ausgegeben. Da der String die Ausgabe ist, wird er von Node.js auch nicht mehr mit einfachen Anführungszeichen markiert. Diese haben in der Ausgabe davor noch markiert, dass der Rückgabewert ein String ist. Aber Node.js gibt auch beim letzten Kommando noch den Rückgabewert der Funktion console.log() aus: Dieser ist immer undefined.

Der Read-Eval-Print Loop kann nützlich sein, um mit zwei, drei Zeilen JavaScript-Code etwas zu testen oder einen Ad-hoc-HTTP-Server hochzufahren. Den interaktiven Modus verlassen Sie mit der Tastenkombination Ctrl + C.

Größere Arbeiten im Read-Eval-Print Loop sollten Sie vermeiden, da die Arbeit in diesem Modus mit dem Beenden von Node.js aus dem Speicher verschwindet.

1.5 JavaScript debuggen

Node.js bietet darüber hinaus eine weitere wichtige Funktion für die professionelle Entwicklung: den Debug-Modus. Sie erreichen ihn über das vorangestellte Argument debug:

```
$ node debug geburtstag.js
< debugger listening on port 5858
connecting... ok
```

```
break in geburtstag.js:1
  1 console.log(output())
  2
  3 function geschenk(line) {
```

Unsere Datei geburtstag.js enthält aktuell folgenden Code, der nichts anderes liefert, als die eingangs formulierte Zeile console.log():

```
console.log(output())

function geschenk(line) {
    line = line + ' '
    line = line + 'Kaufe ein Geschenk!'
    return line
}

function output() {
    var line = 'Gunnar Wrobel hat heute Geburtstag.'

    debugger

    return geschenk(line)
}
```

Der Code wirkt für die Ausgabe einer einzigen Textzeile zwar überfrachtet, erlaubt aber, den Debug-Modus zu illustrieren.

Beim oben angegebenen debug-Aufruf sehen Sie, dass Node.js den Debugger auf Port 5858 verfügbar macht. Hier könnte man nun über ein JSON-Protokoll mit dem Debugger kommunizieren. Mit der debug-Option bindet Node.js sofort selbst an diesen Port und bietet anschließend dem Aufrufenden eine interaktive Debugging-Session. Damit wird das V8-JSON-Debugging-Protokoll komplett ausgeblendet und ist einfach nutzbar.

Es gibt einige IDEs, die das V8-Protokoll direkt sprechen. In dem Fall entfällt das debug-Argument, und die IDE ruft Node.js dann mit der Option --debug oder --debug-brk auf. In beiden Fällen bindet Node.js keine eigene Debug-Session, sondern macht den V8-Debugger nur nach außen verfügbar. Mit --debug-brk hält der Debugger die Ausführung sofort an und wartet auf weitere Kommandos, während der Interpreter bei --debug erst einmal losläuft und auf ein Unterbrechungskommando von außen wartet.

Im Node.js-eigenen Debugger stoppt die Ausführung auch sofort nach dem Öffnen der Debug-Session, und der Debugger zeigt die aktuellen Zeilen der auszuführenden Skript-Datei an.

Die gleiche Anzeige kann der Befehl list() jederzeit während der Ausführung liefern. Er gibt eine Übersicht über die nähere Code-Umgebung der aktuell auszuführenden Codezeile aus. Dabei geben Sie als einzelnes

Argument an, wie viele Zeilen der Debugger oberhalb und unterhalb der aktuellen Code-Position ausgeben soll:

```
debug> list(2)
  1 console.log(output())
  2
  3 function geschenk(line) {
```

Mit dieser Übersicht kann der Entwickler auch einen Haltepunkt (*Breakpoint*) mit setBreakpoint(4) in einer bestimmten Zeile (hier 4) setzen. Mit einem setBreakpoint() ohne Argument landet der Breakpoint in der aktuellen Zeile – mit setBreakpoint('funktionsName()') in der ersten Zeile der benannten Funktion. Schließlich ist auch die Kombination setBreakpoint('andere.js', 4) möglich, die einen Breakpoint in der Datei andere.js in Zeile 4 setzt.

Auch das direkt im Quellcode platzierte Statement debugger; fungiert im Debug-Modus als Breakpoint. Damit lässt sich vor der Debugging-Session im Code festlegen, wo die Code-Interpretation stoppen soll.

Mit dem Befehl cont (abgekürzt: c) weisen Sie den Debugger an, sich zum nächsten Breakpoint zu bewegen:

```
debug> cont
break in geburtstag.js:12
  10      var line = 'Gunnar Wrobel hat heute Geburtstag!'
  11
  12      debugger
  13
  14      return geschenk(line);
```

Wie erwartet, stoppt der Debugger beim debugger-Statement. Mit watch("line") lässt sich nun eine Beobachtung auf den Wert der Variablen line setzen. Damit wird der aktuelle Wert in jedem weiteren Schritt angezeigt. Einen Einzelschritt bewirken Sie mit dem Befehl next (abgekürzt: n):

```
debug> watch("line")
debug> next
break in geburtstag.js:14
Watchers:
  0: line = "Gunnar Wrobel hat heute Geburtstag."

  12      debugger
  13
  14      return geschenk(line)
  15 }
  16
```

Die Interpretation stoppt in der Zeile nach dem debugger-Statement. Somit wird der Wert von line immer noch mit line = "Gunnar Wrobel hat heute Geburtstag." ausgegeben. Die Beobachtung der Variablen line ließe sich mit unwatch("line") auch wieder beenden.

Der Debugger steht nun in Zeile 12 direkt auf dem Aufruf der geschenk()-Methode. Nun gibt es zwei Möglichkeiten: in die aufzurufende Funktion einsteigen und die Ausführung innerhalb der Funktion anhalten – oder die komplette Funktion ausführen und in der nächsten Zeile im Code anhalten.

In einen Funktionsaufruf gelangen Sie mit dem Aufruf step (abgekürzt: s). next würde die Funktion hingegen ausführen und die Interpretation erst nach Durchlaufen der Funktion wieder anhalten.

```
debug> step
break in geburtstag.js:4
Watchers:
  0: line = "Gunnar Wrobel hat heute Geburtstag!"

  2
  3 function geschenk(line) {
  4     line = line + ' '
  5     line = line + 'Kaufe ein Geschenk.'
  6     return line
```

Befindet sich der Debugger in einem verschachtelten Funktionsaufruf, hilft der Befehl backtrace, den Weg zur aktuellen Position zu bestimmen:

```
debug> backtrace
#0 geburtstag.js:4:5
#1 geburtstag.js:14:12
#2 geburtstag.js:1:75
```

Hier steht der Debugger in Zeile 4 (#0 geburtstag.js:4:5) innerhalb der Methode geschenk(). Diese wurde in Zeile 14 (#1 geburtstag.js:14:12) innerhalb der Methode output() aufgerufen. Letztere wurde wiederum in Zeile 1 (#2 geburtstag.js:1:75) adressiert.

Befinden Sie sich innerhalb einer Funktion, können Sie mit out (abgekürzt: o) den Rest der Funktion durchlaufen lassen. Die Interpretation stoppt dann wieder in der Zeile nach dem Funktionsaufruf.

```
debug> out
break in geburtstag.js:15
Watchers:
  0: line = "Gunnar Wrobel hat heute Geburtstag!"

 13
 14     return geschenk(line)
 15 }
 16
 17 });
```

Bleibt noch das Kommando repl: Damit geht der Debugger in einen Read-Eval-Print Loop im aktuellen Ausführungskontext und es besteht Lesezugriff auf die Variablen an dem aktuellen Code-Punkt:

```
debug> repl
Press Ctrl + C to leave debug repl
> line
'Gunnar Wrobel hat heute Geburtstag.'
>
```

Diesen Modus beenden Sie mit der Tastenkombination [Ctrl]+[C].

Beenden lässt sich die Debugging-Session mit dem Befehl kill:

```
debug> kill
program terminated
```

Mit der Ausführung durch Node.js, dem Interpreter und dem Debugger sind Sie als Entwickler für alle JavaScript-Eventualitäten gerüstet, und damit kann es mit der eigentlichen Entwicklungsumgebung und den dafür notwendigen JavaScript-Paketen losgehen.

npm

Das Debugging-Beispiel aus Kapitel 1 lässt sich deutlich vereinfachen:

```
output = function () {
    return 'Gunnar Wrobel hat heute Geburtstag. Kaufe ein Geschenk!';
}

console.log(output())
```

Nicht einmal der separate Funktionsaufruf wäre notwendig, jedoch soll er hier zu Demonstrationszwecken erhalten bleiben.

Die Ausführung in Node.js liefert das erwartete und bekannte Ergebnis:

```
$ node geburtstag.js
Gunnar Wrobel hat heute Geburtstag. Kaufe ein Geschenk!
```

Angenommen, der Entwickler möchte die lange Code-Zeile aufhübschen und bricht sie deshalb hinter dem return um:

```
output = function () {
    return
        'Gunnar Wrobel hat heute Geburtstag. Kaufe ein Geschenk!';
}

console.log(output())
```

Diese Änderung zerstört die ohnehin geringe Funktionalität – die erwartete Ausgabe fehlt. Stattdessen wird undefined zurückgegeben:

```
$ node geburtstag.js
undefined
```

Das Semikolon nach dem langen String in der dritten Zeile suggeriert, dass die vorangehende Zeile, die mit return startet, erst nach dem String beendet wäre. Der JavaScript-Interpreter wird das fehlende Semikolon nach return jedoch selbständig hinzufügen, und das resultierende Statement return; erklärt auch die Ausgabe undefined: return; gibt nichts – in JavaScript: undefined – zurück.

Dieser exemplarische Fehler ist natürlich leicht zu sehen, aber sobald der Code umfangreicher wird, sind solche Probleme nicht mehr so einfach zu lokalisieren. Jedoch sind sie vermeidbar, denn es gibt Werkzeuge, die den Code automatisiert auf JavaScript-spezifische Fehler prüfen und damit zu deutlich besserem Code führen.

Ein solches Werkzeug ist JSHint, das, wie alle in den folgenden Kapiteln vorgestellten Werkzeuge, selbst in JavaScript geschrieben ist. Das ist auch gut so, denn andernfalls wäre die Entwicklungsumgebung nicht autark und würde mehr als nur den Node.js-Interpreter benötigen.

Bevor Sie ein Werkzeug wie JSHint einsetzen können, muss es natürlich lokal installiert sein. Node.js liefert für die Installation zusätzlicher Pakete ein leistungsfähiges Werkzeug mit, das mit der Basisinstallation bereits im System verfügbar sein sollte: npm, der *Node.js Package Manager*. Wie node rufen Sie das Werkzeug über die Kommandozeile auf:

```
npm --help

Usage: npm <command>

where <command> is one of:
    add-user, adduser, apihelp, author, bin, bugs, c, cache,
    completion, config, ddp, dedupe, deprecate, docs, edit,
    explore, faq, find, find-dupes, get, help, help-search,
    home, i, info, init, install, isntall, issues, la, link,
    list, ll, ln, login, ls, outdated, owner, pack, prefix,
    prune, publish, r, rb, rebuild, remove, repo, restart, rm,
    root, run-script, s, se, search, set, show, shrinkwrap,
    star, stars, start, stop, submodule, tag, test, tst, un,
    uninstall, unlink, unpublish, unstar, up, update, v,
    version, view, whoami
```

```
npm <cmd> -h       quick help on <cmd>
npm -l             display full usage info
npm faq            commonly asked questions
npm help <term>    search for help on <term>
npm help npm       involved overview

Specify configs in the ini-formatted file:
    ~/.npmrc
or on the command line via: npm <command> --key value
Config info can be viewed via: npm help config

npm@1.4.3 /usr/local/lib/node_modules/npm
```

Der Überblick der Hilfe-Option --help zeigt, dass npm eine ganze Reihe an Kommandos beherrscht. Es ist damit ein zentrales Werkzeug für die in den weiteren Kapiteln beschriebene Entwicklungsumgebung, die noch einige weitere Pakete benötigt. Außerdem erlaubt npm die Verwaltung aller vom eigenen Projekt benötigten Pakete bzw. Abhängigkeiten.

Aus diesem Grunde geben die folgenden Abschnitte einen kurzen Überblick über die Paketinstallation mit npm sowie die Verwaltung von Abhängigkeiten, die mit der Definition eines eigenen Pakets einhergeht. Danach wird sich Kapitel 3 eingehender mit JSHint beschäftigen.

2.1 Installation von Paketen

Mit dem Kommando npm install PAKET installieren Sie ein einzelnes Paket nach. Für npm spielt es keine Rolle, wo es aufgerufen wird – es installiert das angegebene Paket im aktuellen Verzeichnis.

Da das JSHint-Paket etwas größer ist, beginnen wir zu Demonstrationszwecken mit der kleinen exit-Bibliothek. Sie sorgt dafür, dass ein Node.js-Programm auch unter Windows so beendet wird, dass aller Output tatsächlich ausgegeben wird. Diese Tatsache ist hier weniger von Interesse, vielmehr hat das Paket selbst keine weiteren Abhängigkeiten, was die ersten Schritte mit npm vereinfacht.

Ein kurzes npm install exit installiert das Paket am aktuellen Ort:

```
$ npm install exit
npm http GET https://registry.npmjs.org/exit
npm http 304 https://registry.npmjs.org/exit
exit@0.1.2 node_modules/exit
```

Die Ausgabe zeigt, dass exit über eine Projekt-URL[1] heruntergeladen wird. Hinter dieser URL steht eine JSON-Struktur, in der die verschiede-

---

1 https://registry.npmjs.org/exit

nen Versionen des Pakets aufgelistet werden und in denen sich auch ein weiterer Link auf die eigentlichen Installationspakete findet.[2] Das Paket der neuesten Version wird `npm install exit` herunterladen und lokal auspacken.

Alternativ installiert `npm` das Paket auch global, d.h. nicht im aktuellen Arbeitsverzeichnis. Das ist nur dann sinnvoll, wenn das zu installierende Paket ausführbare Dateien mitbringt, die nach der Installation auf der Kommandozeile verfügbar sein sollen. npm wird die ausführbaren Skripte bei der globalen Installation eines Pakets direkt neben den ausführbaren Dateien `node` und `npm` ablegen, so dass diese von der Kommandozeile aufrufbar sind.

Für die globale Installation muss der Aufruf auf der Kommandozeile die Option `--global` enthalten (oder die abgekürzte Form: `-g`). Die weiteren Kapitel werden diese Installationsvariante – bis auf wenige Ausnahmen – meiden. Grundsätzlich spricht nichts dagegen, bestimmte Pakete global zu installieren, aber für die Beispiele im Buch erscheint es sinnvoller, sich auf eine gut definierte, lokale Spielwiese zu beschränken.

2.2 Neue Pakete finden

Wie aber finden Sie eigentlich ein Paket wie `exit`? Die oben genannten URLs geben schon den Hinweis auf die Webseite des Projekts (Abbildung 2.1).[3]

Abbildung 2.1:
Das Paketverzeichnis auf npmjs.org

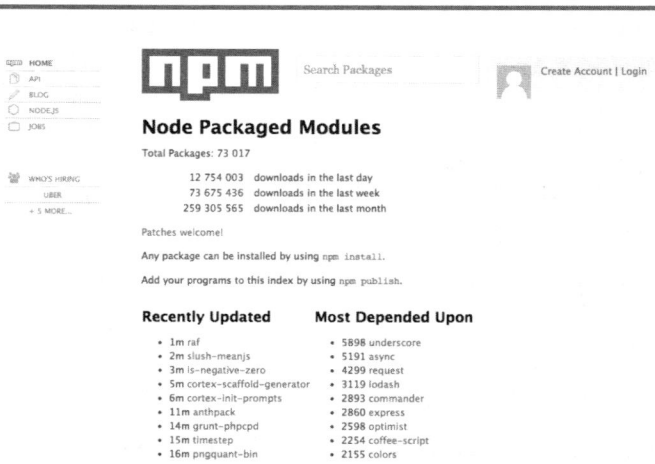

---

2 Hier `http://registry.npmjs.org/exit/-/exit-0.1.2.tgz`
3 `https://www.npmjs.org/`

Hier befindet sich das zentrale Paket-Repository der Node.js-Welt mit Suchfunktion, Paketbeschreibungen und weiteren Informationen.

2.3   Eine ganz einfache Installation

Zurück zur Installation des exit-Pakets, die wir oben mit einer Übersicht der installierten Pakete (hier exit), deren Versionen (hier 0.1.2) und deren Installationsort (hier node_modules/exit) verlassen hatten. Somit sollte jetzt unter node_modules/exit JavaScript-Code liegen:

```
$ tree -L 2 node_modules/exit/
node_modules/exit/
├── Gruntfile.js
├── LICENSE-MIT
├── README.md
├── lib
│   └── exit.js
├── package.json
└── test
    ├── exit_test.js
    └── fixtures
```

tree liefert eine rudimentäre Visualisierung des Dateibaums. Auf der oberen Ebene von node_modules/exit finden sich einige allgemeine Projektdateien, während unter lib der eigentliche JavaScript-Code in der Datei exit.js liegt.

Damit ist das Modul bereits einsetzbar. Es gibt für das Paket keine ausführbare Datei, wobei es sich ja auch um eine Bibliothek handelt, die sich nun problemlos in Node.js laden lassen sollte; überprüfen Sie dies im interaktiven Node.js-Modus.

```
$ node
> var exit = require('exit');
undefined
> console.log(exit);
[Function: exit]
undefined
```

require('exit') lädt die Bibliothek, die der Variablen exit zugewiesen wird. In der folgenden Zeile demonstriert console.log(exit), dass tatsächlich eine aufrufbare Funktion geladen wurde.

Wie aber hat der require()-Aufruf unter Node.js eigentlich die passende Quelldatei gefunden?

Zunächst einmal sind sich Node.js und npm über das Paketverzeichnis node_modules einig. npm wird dort Dateien installieren, require() unter Node.js wird dort Dateien suchen. Und schließlich bezeichnet require('exit') das Verzeichnis exit innerhalb von node_modules.

Sollte require() kein Verzeichnis node_modules/exit finden, wird es sich, ausgehend vom aktuellen Standort, ein Verzeichnis höher bewegen und dort erneut nach einem Verzeichnis namens node_modules suchen. Ist es vorhanden, sucht require() dort in der gleichen Form nach dem angefragten Modul exit. Dieses Verfahren wendet require() bis zum Wurzelverzeichnis des aktuellen Dateisystems an. Wird die Funktion auch dort nicht fündig, wirft sie einen entsprechenden Fehler.

In unserem Fall ist node_modules/exit nach der Installation des exit-Pakets verfügbar, und hier findet sich die eigentlich zu ladende Datei unter dem Pfad lib/exit.js. Müsste der Aufruf also nicht require('exit/lib/exit.js') heißen? Er muss nicht, kann aber – den kompletten Pfad anzugeben, ist eine valide Variante. Ebenso gut funktioniert auch require('exit/lib/exit'), denn das abschließende .js des Dateinamens ergänzt sich Node.js.

Jetzt ließe sich vermuten, dass hinter dem Mapping von require('exit') auf die Datei node_modules/exit/lib/exit.js eine weitere Regel steckt. Dem ist aber nicht so: Wird require() nur der Paketname übergeben, sieht Node.js erst einmal in der Datei package.json im Basisverzeichnis des Pakets nach. Die Datei war schon oben im tree-Listing zu sehen.

package.json enthält erwartungsgemäß ein JSON-Objekt mit allen relevanten Informationen zu dem Paket. In diesem Kapitel werden wir uns noch intensiv mit der Datei auseinandersetzen, für den require()-Aufruf interessiert uns zunächst nur das main-Attribut des JSON-Objekts.

```
...
  "main": "lib/exit",
...
```

require() wertet dieses Attribut aus und wandelt require('exit') anhand der Angabe "main": "lib/exit", die als relativ zum Basispfad des Projekts anzusehen ist, in require('exit/lib/exit') um.

Wäre diese Angabe in der Datei package.json nicht vorhanden, dann würde require('exit') noch die Variante require('exit/index') probieren, so dass die Datei node_modules/exit/index.js geladen wird, sofern sie existiert. Scheitert auch das, gibt der require()-Aufruf einen Fehler zurück.

2.4 Obligatorische Einträge in der Datei package.json

Nun ist die Datei package.json nicht nur für das oben angesprochene main-Attribut zuständig. Sie ist vielmehr die Klammer um ein einzelnes Paket, und zwar genau eines solchen Pakets, das man mit npm install PAKET installiert bzw. auf https://www.npmjs.org/ hochladen kann, um es anderen zur Verfügung zu stellen.

Die folgenden Kapitel beschreiben den Aufbau der Entwicklungsumgebung anhand eines kleinen Beispielprojekts – und dieses Beispielprojekt sollten Sie von Anfang an als Paket zusammenfassen. So sammeln wir in der Paketdefinition package.json die oben angesprochenen Abhängigkeiten unseres Pakets und nutzen sie, um die Interaktionen mit npm zu illustrieren.

package.json enthält also ein Objekt in JSON-Notation. JSON ist ein kompaktes Datenaustausch-Format;[4] Entwickler, die bereits Kontakt mit JavaScript hatten, sind vermutlich auch schon mit JSON in Berührung gekommen.

Die äußerste Klammer des JSON-Objekts bildet ein Paar geschweifte Klammern:

```
{
}
```

Nun gilt es, die Attribute sinnvoll auszufüllen. Eine der zwingenden Angaben ist der Name des Pakets, der auch den Namen des resultierenden tgz-Archivs vorgibt.

Unser Paket soll geburtstage heißen. Das Attribut name in der Datei package.json legt dies fest:

```
{
  "name": "geburtstage"
}
```

Lädt der Entwickler das Paket zu https://www.npmjs.org/ hoch, bestimmt name auch den dort angezeigten Paketnamen.

Neben dem Namen ist die Version eine notwendige Angabe. npm ist auf das *semantische Versionieren* festgelegt, d.h. die Versionsnummer wird daraufhin überprüft, ob sie den Vorgaben unter http://semver.org/ genügt. Im Wesentlichen läuft das darauf hinaus, dass die Versionsnummer genau drei Stellen besitzt und jede Stelle ein sinnvoller, ganzzahliger

---

4 http://json.org/

Wert ist. Außerdem muss eine neue Versionsnummer natürlich immer höher sein als eine vorangegangene.

Bei der semantischen Versionierung haben die einzelnen Stellen eine bestimmte Bedeutung: So wird die erste Stelle nur dann erhöht, wenn sich die äußere API des Codes inkompatibel geändert hat. Die zweite und dritte Stelle werden dabei auf Null gesetzt. Die erste Stelle bleibt konstant, die zweite Stelle wird erhöht und die dritte auf Null gesetzt, wenn neue Eigenschaften zur äußeren API hinzugekommen sind, die alte API aber weiterhin vollständig unterstützt wird. Bleiben erste und zweite Stelle der Versionsnummer konstant und nur die dritte Stelle wird erhöht, so signalisiert das eine unveränderte äußere API mit ausschließlich internen Änderungen bzw. Fehlerbehebungen.

Natürlich kann npm diese Semantik nicht inhaltlich prüfen, sondern muss sich auf den Entwickler verlassen. npm verlangt lediglich, dass die Versionsangabe die geforderten drei ganzzahligen Stellen aufweist.

In unserem Fall startet das neue Paket mit der niedrigst möglichen Version 0.0.0, denn schließlich ist noch keine Zeile Code geschrieben:

```
{
  "name": "geburtstage",
  "version": "0.0.0"
}
```

Damit ist npm ab sofort bereit, das Paket zu packen, auch wenn es noch keinen Code zu verpacken gibt. Die soeben erstellte Datei package.json muss dafür im aktuellen Arbeitsverzeichnis liegen. Der Befehl npm pack erstellt ein neues Paketarchiv:

```
$ npm pack
geburtstage-0.0.0.tgz

$ tar tzf geburtstage-0.0.0.tgz
package/package.json
```

Im ersten Schritt erzeugt npm pack das Paketarchiv geburtstage-0.0.0.tgz. Im zweiten Schritt zeigt tar mit den Optionen tzf den Inhalt des erzeugten Pakets. Da im Projekt bisher keine Dateien außer package.json existieren, ist die Liste sehr kurz.

Aber auch solche Pakete können sinnvoll sein, wenn sie als Meta-Pakete Abhängigkeiten aggregieren und verfügbar machen. Mit den Abhängigkeiten beschäftigt sich Abschnitt 2.6.

2.5 Optionale Einträge in der Datei package.json

Neben den zwingenden Einträgen name und version gibt es einige optionale Attribute.

So hilft eine kurze Beschreibung unter description, den Inhalt des Pakets schneller zu erfassen:

```
{
  "name": "geburtstage",
  "version": "0.0.0",
  "description": "A companion repository to the JavaScript development ↵
toolset book. The repository demonstrates the step-by-step development of ↵
a birthday reminder application."
}
```

Diese knappe Beschreibung lässt sich mit Links zur Homepage, dem Quellcode und der potentiellen Fehlerliste anreichern:

```
{
  "name": "geburtstage",
  "version": "0.0.0",
  "description": "A companion repository to the JavaScript development ↵
toolset book. The repository demonstrates the step-by-step development of ↵
a birthday reminder application.",
  "homepage": "https://github.com/wrobel/geburtstage",
  "repository": {
    "type": "git",
    "url": "git://github.com/wrobel/geburtstage.git"
  },
  "bugs": {
    "url": "https://github.com/wrobel/geburtstage/issues"
  }
}
```

Github zentralisiert diese Elemente: Als Einstiegspunkt (homepage) ist die Übersichtsseite des git-Verzeichnisses unter Github genannt. Quellcode-Verzeichnis (repository) ist die URL des Quellcodes im Versionskontrollsystem – ebenfalls unter Github – und der Typ ist git. Das Fehlerverzeichnis (bugs) ist dann gleichermaßen mit dem bei Github verfügbaren Standardwerkzeug zur Fehlerverwaltung angegeben.

Da die Datei package.json ebenso im Paket-Archiv landet, stehen all diese Informationen auch nach Herunterladen und Installation des Pakets zur Verfügung. Etwas komfortabler erscheinen sie, wenn das Paket auf https://www.npmjs.org/ hochgeladen wurde. Hier verweisen die in package.json eingetragenen Links in der Übersichtsseite des Pakets direkt auf die Zielseiten.

Aber auch von der Kommandozeile lassen sich die Informationen nutzen. So öffnet der Befehl npm repo den repository-Link in einem Browser. npm bugs dirigiert den Browser zur url unter bugs. Der Befehl npm docs versucht die Seite des Paketes unter https://www.npmjs.org/ zu öffnen. Das funktioniert natürlich nur, wenn das Paket schon dort veröffentlicht wurde.

In der Datei package.json sollten üblicherweise auch der Autor und die Lizenzbedingungen des Pakets nicht fehlen:

```
{
  ...
  "author": {
    "name": "Gunnar Wrobel",
    "url": "http://gunnarwrobel.de/"
  },
  "licenses": [
    {
      "type": "GPL",
      "url": "https://github.com/wrobel/geburtstage/blob/master/LICENSE"
    }
  ],

  ...
}
```

Damit ist die Datei package.json im Kern fertig, sofern das Paket keine weiteren Abhängigkeiten besitzt.

2.6 Abhängigkeiten

Wie eingangs gezeigt, ist npm in der Lage, Pakete zu installieren. Im ersten Beispiel haben wir das vergleichsweise simple Paket exit installiert, das keine weiteren Abhängigkeiten aufwies.

Paketierung ist aber nur dann sinnvoll, wenn ein Paket andere Pakete als Abhängigkeiten ziehen kann. So lassen sich monolithische Code-Monster vermeiden, und die Funktionalität teilt sich in überschaubare, inhaltlich zusammengehörende Häppchen auf. Natürlich reduziert sich auch der Aufwand, wenn man bei der Entwicklung auf bestehenden Code zurückgreifen kann.

Was tut npm, wenn ein Paket mit Abhängigkeiten installiert werden soll? Dafür kommen wir auf unser eigentliches Ziel zurück und installieren das Werkzeug JSHint.

```
$ npm install jshint
npm install
npm WARN package.json geburtstage@0.0.1 No README data
npm http GET https://registry.npmjs.org/jshint/2.4.1
npm http 200 https://registry.npmjs.org/jshint/2.4.1
```

```
npm http GET https://registry.npmjs.org/jshint/-/jshint-2.4.1.tgz
npm http 200 https://registry.npmjs.org/jshint/-/jshint-2.4.1.tgz
npm http GET https://registry.npmjs.org/htmlparser2
...
npm http 200 https://registry.npmjs.org/inherits
npm http 200 https://registry.npmjs.org/readable-stream
jshint@2.4.1 node_modules/jshint
├── console-browserify@0.1.6
├── underscore@1.4.4
├── shelljs@0.1.4
├── minimatch@0.2.14 (sigmund@1.0.0, lru-cache@2.5.0)
├── cli@0.4.5 (glob@3.2.7)
└── htmlparser2@3.3.0 (domelementtype@1.1.1, domutils@1.1.6, ↵
domhandler@2.1.0, readable-stream@1.0.17)
```

Der Ablauf ist deutlich komplexer als bei der exit-Installation, wobei die Ausgabe schon stark gekürzt wurde, da sehr viele Pakete installiert werden.

Aus der baumartigen Darstellung am Schluss erkennen Sie, dass npm nicht nur das an der Wurzel des Baums aufgeführte jshint installiert hat, sondern auch die darunter dargestellten Pakete console-browserify, underscore, shelljs, minimatch, cli und htmlparser2.

Auch diese Pakete können weitere Abhängigkeiten haben: So verlangt die Installation von cli das Vorhandensein von glob. Diese zweite Ebene der Abhängigkeiten ist den übergeordneten Paketen jeweils in Klammern nachgestellt.

Hat auch glob noch Abhängigkeiten? Ja, das Paket benötigt inherits. npm install zeigt diese Abhängigkeiten in der dritten Ebene nicht mehr explizit an.

Es gibt also jetzt folgende Verzeichnisstruktur:

```
node_modules/jshint/node_modules/cli/node_modules/glob/node_modules/
inherits
```

Für JSHint ist das fein. Jede Abhängigkeit, die JSHint braucht, ist zuerst einmal im Verzeichnis node_modules/jshint/node_modules vorhanden. Die Abhängigkeiten zweiter Ebene (z.B. glob), die nicht direkt von JSHint verwendet werden, sind für JSHint nicht auffindbar. cli, die Abhängigkeit von JSHint, kann jedoch auf glob zugreifen, denn glob liegt in node_modules/jshint/node_modules/cli/node_modules/glob und damit direkt unterhalb von cli.

Diese Hierarchie birgt aber auch einige Probleme: Unter den Abhängigkeiten von htmlparser2 findet sich das Paket readable-stream, welches wiederum von inherits abhängt. Nun hatten wir gerade gesehen, dass inherits im Verzeichnis node_modules/jshint/node_modules/cli/node_modules/glob/node_modules/inherits liegt. Gibt es etwa noch das folgende Verzeichnis?

```
node_modules/jshint/node_modules/htmlparser2/node_modules/readable-stream/
node_modules/inherits
```

Ja, tatsächlich existiert dieses Verzeichnis ebenfalls, und in beiden liegt sogar dieselbe Version des Pakets (2.0.1).

glob hat keine Möglichkeit, an das inherits-Paket unter readable-stream zu gelangen, und umgekehrt.

Das Ganze wirkt ineffizient, hat aber seinen guten Grund: Während hier offensichtlich sowohl glob als auch readable-stream mit der Version 2.0.1 leben können, muss das nicht zwingend so sein. Nehmen wir an, eines der beiden Pakete wäre für inherits in der Version 1.0.0 geschrieben, und weiter, die API von inherits wurde mit Version 2.0.0 massiv angepasst und ist nicht mehr kompatibel mit der Vorgängerversion. So könnten dennoch beide Pakete problemlos an zwei unterschiedlichen Stellen in einem Projekt installiert werden. Es gäbe keinen Konflikt.

In anderen Programmiersprachen ist dergleichen nicht so einfach möglich. Dort würde man allerdings wohl eher davon absehen, das gleiche Paket zehnmal zu installieren – und dies dürfte bei inherits der Stand unter node_modules sein, wenn unser Projekt am Ende des Buches abgeschlossen ist.

Das Problem lässt sich prinzipiell umgehen. Zunächst müssen wir hierfür JSHint wieder entfernen:

```
$ npm uninstall jshint
unbuild jshint@2.4.1
```

npm wird anders installieren, wenn zuerst die Installation von inherits und nachfolgend die von jshint vorgenommen wird:

```
$ npm install inherits
npm WARN package.json geburtstage@0.0.0 No README data
npm http GET https://registry.npmjs.org/inherits
npm http 304 https://registry.npmjs.org/inherits
inherits@2.0.1 node_modules/inherits

$ npm install jshint
npm WARN package.json geburtstage@0.0.0 No README data
npm http GET https://registry.npmjs.org/jshint
...
```

Nun fehlen die beiden Verzeichnisse

```
node_modules/jshint/node_modules/cli/node_modules/glob/node_modules/
inherits

node_modules/jshint/node_modules/htmlparser2/node_modules/readable-stream/
node_modules/inherits
```

npm merkt bei der Installation, dass bereits ein übergeordnetes Paket inherits installiert und die Version kompatibel ist. Damit verzichtet der

Installer bei der Installation der Abhängigkeiten von glob und readable-stream auf eine erneute Installation von inherits.

Wir hatten schon in Abschnitt 2.2 beschrieben, dass require(), wenn es ein Paket nicht unter node_modules findet, den Verzeichnisbaum nach oben durchwandert und auf jeder Ebene danach sucht. require('inherits') wird innerhalb des glob- oder readable-stream-Codes also nicht mehr im eigenen Verzeichnis node_modules fündig, sondern traversiert ein paar Ebenen nach oben, um das gemeinsame inherits zu verwenden.

Sollte das oben beschriebene Verfahren wirklich angewandt werden, um die Zahl der installierten Pakete zu reduzieren? So, wie beschrieben, nicht, da der manuelle Aufwand zu hoch ist. Jedoch kann ein npm dedupe durchaus sinnvoll sein. Um dies kurz zu demonstrieren, müssen jshint und inherits verschwinden, jshint wieder normal installiert werden, um dann die Pakete mit npm dedupe zu deduplizieren:

```
$ npm uninstall jshint inherits
unbuild jshint@2.4.1
unbuild inherits@2.0.1

$ npm install jshint
...
jshint@2.4.1 node_modules/jshint
├── strip-json-comments@0.1.2
...

$ npm dedupe
npm http GET https://registry.npmjs.org/inherits/2.0.1
npm http 304 https://registry.npmjs.org/inherits/2.0.1
inherits@2.0.1 node_modules/jshint/node_modules/inherits
```

An der Ausgabe von npm dedupe sehen Sie, dass der Befehl selbständig in der Lage ist, die Möglichkeit zur Reduktion beim inherits-Paket zu ermitteln und aufzulösen. Mit dem Befehl lässt sich also ein wenig Plattenplatz sparen. Natürlich wird dedupe keine Pakete kombinieren, wenn die Versionen der Abhängigkeiten nicht übereinstimmen.

Fassen wir kurz zusammen: npm ist durchaus bereit, ein wenig Plattenplatz zu verschwenden; dadurch entsteht aber ein System, in dem Sie die Abhängigkeit eines Pakets länger auf einer alten Version belassen können, womit die Entwickler des als Abhängigkeit eingetragenen Pakets wiederum in der Lage sind, eher einmal eine Veränderung der API und damit einen größeren Versionssprung vorzunehmen. Diese Veränderung der API zwingt die Entwickler aller Pakete mit dieser einen Abhängigkeit nicht sofort dazu, den Code auf die neue API anzupassen. Diese Flexibilität – die in vielen anderen Programmiersprachen so nicht gegeben ist – gegen ein wenig Plattenplatz einzutauschen, scheint ein fairer Deal.

2.7 Abhängigkeiten festschreiben

Wie schafft es nun npm, einen solch komplexen Baum an Abhängigkeiten aufzubauen?

Zunächst einmal bringen die einzelnen Pakete Informationen mit, anhand derer npm die Abhängigkeiten eines Pakets erkennt. Auch hier ist wieder die Datei package.json im Spiel: Der Entwickler trägt unter dependencies bzw. devDependencies die benötigten Abhängigkeiten ein.

dependencies sind Abhängigkeiten, die für das Funktionieren des Pakets erforderlich sind, während es sich bei devDependencies um Abhängigkeiten handelt, die nur während der Entwicklungszeit benötigt werden. Im Kontext dieses Buches werden fast nur devDependencies hinzugefügt; schließlich geht es hier um die Werkzeuge für ein Entwicklungssetup.

Als dritte Variante gibt es die optionalen Abhängigkeiten unter optionalDependencies, die allerdings deutlich seltener auftreten. Sie sind z.B. bei Paketen sinnvoll, die nur für die Benutzbarkeit auf bestimmten Plattformen sorgen, etwa bei speziellen Testwerkzeugen für den Internet Explorer oder Safari. Die Installation ist damit nur unter Windows bzw. Mac OS zweckdienlich.

Sehen wir uns einen solchen Eintrag in der Datei package.json an: Das Paket jshint ist eine Abhängigkeit, die im nächsten Kapitel notwendig wird, wenn es um die Überprüfung der Code-Syntax geht, was nur zur Entwicklungszeit relevant ist. Statt das Werkzeug separat zu installieren, können Sie es fest mit dem Paket verknüpfen, indem Sie es unter den devDependencies eintragen:

```
{
  ...
  "devDependencies": {
    "jshint": "2.4.1"
  },
  ...
}
```

Hier ist die exakte Version der Abhängigkeit eingetragen, so dass npm immer jshint in der Version 2.4.1 installiert, auch wenn bereits neuere Versionen veröffentlicht wurden.

Bei einer Abhängigkeit, die nur zur Entwicklungszeit besteht, ist die fixe Versionsnummer eher ungewöhnlich, denn es gibt keinen Grund, sich von der Weiterentwicklung des jshint-Pakets abzukoppeln. Sofern sich jshint an die Vorgaben der semantischen Versionierung hält, wird die Version 2.4.2 nur kleinere Fehlerkorrekturen enthalten.

Eine Alternative zur fixen Versionsnummer wäre die Angabe latest, durch die immer die aktuellste Version eines Pakets installiert wird. Dann ist jedoch fraglich, was geschieht, sobald die JSHint-Entwickler die Version 3.0.0 veröffentlichen: möglicherweise hat sich die API von jshint dann so grundlegend geändert, dass das Werkzeug nicht mehr in gewohnter Weise funktioniert.

Darum ist der goldene Mittelweg – wie häufig – auch hier der beste, z.B. durch die Angabe

```
"jshint": "2.4.x"
```

Diese deutet npm als „irgendeine Version, die mit 2.4 startet" – 2.3.9 wäre damit nicht erfasst, 2.4.100 durchaus. Eine alternative Schreibweise wäre übrigens ~2.4.

Wer sich sicher ist, dass jede 2er-Version von JSHint passt, kennzeichnet das mit der Angabe 2.x bzw. ~2.

Ähnlich funktioniert das vorangestellte „Dach" (^). Mit ^2.4.1 ist eine Version größer oder gleich 2.4.1 bezeichnet, die aber mit dieser Version kompatibel sein muss. Alle Versionen ab 3.0.0, die inkompatible Änderungen enthalten können, sind nicht akzeptabel.

Auch die Syntax >=2.4.1 versteht npm. Ein >=2.4.1 schließt dann natürlich auch die Versionen 3.0.0 und höher ein. Nach oben lässt sich die Version mit dem „kleiner als" (<) bzw. „kleiner gleich" (<=) begrenzen.

Zu guter Letzt akzeptiert npm auch die Angabe von Bereichen in der Form 2.3.4 - 2.4.9.

Für welche Angabe Sie sich entscheiden, hängt von verschiedenen Parametern ab. So ist wichtig, inwieweit das eigene Paket überhaupt veröffentlicht wird. Je prominenter das Paket, desto wichtiger ist es, die Versionsnummern nicht zu rigide festzulegen. Andernfalls ist npm schnell gezwungen, für jedes Paket seine eigene Versionsnummer zu installieren, und ein npm dedupe hilft auch nicht mehr, um etwas Plattenplatz zu sparen.

Darüber hinaus ist es wichtig, wie schnell der Entwickler von Fehlerkorrekturen oder neuen Fähigkeiten der Abhängigkeit profitieren möchte. Je unwichtiger dieser Faktor ist, desto rigider kann die Versionsnummer eingeschränkt werden.

Ein weiterer Faktor ist, inwieweit sich die Entwickler der Abhängigkeit an die Vorgaben der semantischen Versionierung halten. Kommt es – entgegen der Definition – selbst bei kleinen Versionssprüngen zu API-Änderungen, ist es wenig ratsam, die Versionsnummer der Abhängigkeit recht frei zu vergeben. Hier ist die Beschränkung auf eine getestete Version sinnvoller.

Ganz einfach ist die Entscheidung also nicht, aber wer gerade mit einem Paket beginnt, der dürfte gut damit fahren, die Versionsnummern einzuschränken. Im Rahmen des Buches werden wir die Versionsnummern sogar rigide festlegen, damit sich bei den Beispielen keine Abweichungen ergeben.

Ist es Ihnen zu aufwendig, die Versionsnummer unter `http://npmjs.org` herauszusuchen, können Sie auch npm anweisen, bei der Paketinstallation die installierte Versionsnummer in die Datei `package.json` zu schreiben:

```
$ npm install jshint --save-dev
```

Analog gibt es die Optionen `--save`, mit der npm eine Abhängigkeit zur Laufzeit einträgt, sowie `--save-optional` für eine optionale Abhängigkeit.

Das Resultat sieht dann so aus:

```
{
  ...
  "devDependencies": {
    "jshint": "^2.4.1"
  }
  ...
}
```

2.8 Installation der Abhängigkeiten aus package.json

Die explizite Angabe der zu installierenden Pakete beim Aufruf von npm install kann mit dem Eintrag in der Datei `package.json` entfallen. Nun reicht `npm install`, um `jshint` zu installieren:

```
$ npm install
...
jshint@2.4.1 node_modules/jshint
├── console-browserify@0.1.6
...
```

Wie geht nun npm beim Aufruf von npm install vor? Es wird versuchen, alle unter dependencies, devDependencies und optionalDependencies angegebenen Pakete lokal zu installieren. Zwischen dependencies und devDependencies gibt es keinen offensichtlichen Unterschied, und die optionalDependencies unterscheiden sich nur in sofern, als ein Fehlschlagen der Installation nicht weiter beachtet wird.

Der Unterschied zwischen devDependencies und dependencies offenbart sich erst eine Ebene tiefer. Auf der obersten Ebene sind beide Listen gleichwertig. Wenn es aber darum geht, die Abhängigkeiten dieser Abhängigkeiten zu betrachten, macht npm einen Unterschied. Ab den Abhängigkeiten in der zweiten Ebene werden nur noch die dependencies installiert.

Das ist auch sinnvoll, denn auf der obersten Ebene befindet sich das eigentlich zu entwickelnde Paket. Die Wahrscheinlichkeit, dass hier Code entwickelt wird, ist recht hoch, und darum ist der Standard, auch die devDependencies zu installieren, sinnvoll. Aus Sicht von npm sind die unter node_modules installierten Abhängigkeiten dagegen nicht in aktiver Entwicklung. Diese Pakete müssen nur ihrer eigentlichen Funktion nachkommen, und hierfür benötigen sie nicht mehr als die dependencies. Entsprechend beschränkt sich npm ab dieser Ebene darauf, nur diese Liste an Abhängigkeiten zu installieren.

2.9 Aktualisieren der Abhängigkeiten

Viele der in diesem Buch besprochenen JavaScript-Werkzeuge befinden sich in sehr aktiver Entwicklung; es werden also häufig neue Paketversionen veröffentlicht, und der initiale Stand, den Sie installiert haben, wird schnell veraltete Paketversionen umfassen. Zudem kann es sein, dass die Versionsangabe in der Datei package.json neuere Pakete von der Installation ausschließt.

npm bietet den Befehl outdated, der Ihnen einen Überblick über veraltete Pakete zurückgibt. Vor dem folgenden Aufruf wurde die Abhängigkeit in der Datei package.json auf "jshint": "2.4.x" gesetzt. Dann sieht die Ausgabe von npm outdated folgendermaßen aus:

```
$ npm outdated
npm http GET https://registry.npmjs.org/jshint
npm http 304 https://registry.npmjs.org/jshint
Package  Current  Wanted  Latest  Location
jshint    2.4.1    2.4.4   2.6.0   jshint
```

Offensichtlich ist eine neue JSHint-Version verfügbar. npm zeigt an, dass wir aktuell die Version 2.4.1 installiert haben. Als „gewünscht" (Wanted) wird die neuere Version 2.4.4 angezeigt. Sie ist auf http://npmjs.org verfügbar und würde noch in das in der Datei package.json angegebene Schema 2.4.x passen. Das Paket kann nun mit npm update aktualisiert werden:

```
$ npm update
npm http GET https://registry.npmjs.org/jshint
...
jshint@2.4.4 node_modules/jshint
```

```
├── console-browserify@0.1.6
...
```

Gleichzeitig informiert npm outdated über Latest – also die neueste verfügbare Version – aber auch darüber, dass es noch die Version 2.6.0 gibt. Wer diese installieren möchte, muss die Versionsangabe in der Datei package.json anpassen, das neue Paket installieren und dann testen, ob die neue Version mit dem eigenen Projekt in gleicher Weise funktioniert.

2.10 Überflüssige Abhängigkeiten

Oft sammeln sich im Laufe der Zeit überflüssige Abhängigkeiten an. Angenommen, Sie hätten ursprünglich jslint – den Vorgänger von JSHint – in der Datei package.json aufgeführt und das Paket installiert:

```
$ npm install jslint
...
jslint@0.5.2 node_modules/jslint
├── readable-stream@1.0.27-1 (isarray@0.0.1, inherits@2.0.1, ↵
string_decoder@0.10.25-1, core-util-is@1.0.1)
...
```

Nach dem Wechsel zu JSHint sind nun beide Pakete installiert. npm ls präsentiert den aktuellen Paketbaum:

```
$ npm ls
geburtstage@0.0.0
├─┬ jshint@2.4.4
│ ├─┬ cli@0.4.5
│ │ └─┬ glob@4.0.2
│ │   ├── inherits@2.0.1
│ │   └── once@1.3.0
│ ├── console-browserify@0.1.6
│ ├── exit@0.1.2
│ ├─┬ htmlparser2@3.3.0
│ │ ├── domelementtype@1.1.1
│ │ ├── domhandler@2.1.0
│ │ ├── domutils@1.1.6
│ │ └─┬ readable-stream@1.0.27-1
│ │   ├── core-util-is@1.0.1
│ │   ├── inherits@2.0.1
│ │   ├── isarray@0.0.1
│ │   └── string_decoder@0.10.25-1
│ ├─┬ minimatch@0.3.0
│ │ ├── lru-cache@2.5.0
│ │ └── sigmund@1.0.0
│ ├── shelljs@0.1.4
│ └── underscore@1.4.4
└─┬ jslint@0.5.2 extraneous
  ├─┬ glob@3.2.11
```

```
|   ├── inherits@2.0.1
|   └─┬ minimatch@0.3.0
|     ├── lru-cache@2.5.0
|     └── sigmund@1.0.0
├─┬ nopt@1.0.10
| └── abbrev@1.0.5
└─┬ readable-stream@1.0.27-1
  ├── core-util-is@1.0.1
  ├── inherits@2.0.1
  ├── isarray@0.0.1
  └── string_decoder@0.10.25-1
```

```
npm ERR! extraneous: jslint@0.5.2 ./node_modules/jslint
npm ERR! not ok code 0
```

Der Baum zeigt, ausgehend von der Wurzel des aktuellen Projekts geburtstage, die zwei installierten Abhängigkeiten jshint und jslint – und darunter den kompletten Baum an Abhängigkeiten der beiden Pakete.

Nun ist jslint nicht in der Datei package.json enthalten, jedoch noch installiert.

npm ls zeigt das entsprechende Paket mit extraneous als irrelevant bzw. überflüssig an. Passenderweise gibt es ein weiteres Kommando, das solch überflüssige Pakete aufräumt:

```
$ npm prune
npm WARN package.json geburtstage@0.0.0 No README data
unbuild jslint@0.5.2
```

Beim Aufruf von npm prune gleicht npm die Liste der installierten Pakete mit der Liste der Abhängigkeiten in der Datei package.json ab und entfernt alle Abhängigkeiten, die von package.json nicht explizit gefordert sind.

Mit den oben beschriebenen npm-Funktionalitäten sind Sie nun in der Lage, die Entwicklungsumgebung weiter auszubauen, Abhängigkeiten in eigene Projekte einzubinden, aber vor allem auch die im Projekt installierten Pakete längerfristig zu warten.

Code-Check mit JSHint

JavaScript hat eine recht lockere Sprachdefinition. Zu Beginn von Kapitel 2 haben wir uns bereits mit der Auswirkung eines falsch platzierten Zeilenumbruchs befasst. Ein anderes Beispiel ist die Variablendeklaration: Auch wenn Sie eine Variable im Code nicht explizit deklarieren, gibt der JavaScript-Interpreter keinen Fehler aus, sondern initialisiert diese Variable selbst. Dieses Verhalten resultiert aber in einem Fehler, wenn Sie sich beim Variablennamen vertippt haben; eine Suche nach Tippfehlern im Code ist nicht gerade effektiv.

Eine lockere Sprachdefinition mag praktisch für Einsteiger sein, die eine Webseite mit ein paar Zeilen Code dynamischer gestalten möchten. Genau das hatten die Erfinder der Sprache anfänglich ja auch im Blick. Mittlerweile ist JavaScript aber deutlich erwachsener geworden und wird zunehmend in größeren Projekten verwendet. Je komplexer aber die Code-Basis, desto wichtiger ist für alle am Projekt Beteiligten, dass Code-Fehler frühestmöglich identifiziert werden. So ist es z.B. ein Leichtes, darauf zu achten, alle Variablen vor Gebrauch zu deklarieren, um einer zeitraubenden Fehleranalyse vorzubeugen.

3.1 JSHint oder jslint?

Wenn die Sprachdefinition von JavaScript das allerdings nicht hergibt, bleibt nur der Rückgriff auf ein externes Werkzeug. Wir beschreiben im Folgenden *JSHint* für eine frühzeitige Prüfung der Code-Syntax. Alternativ steht auch *jslint* zur Verfügung. Da wir hier aber *ein* konsistentes JavaScript-Entwicklungssetup aufbauen, wählen wir aus (möglicherweise gleichberechtigten) Alternativen für den jeweiligen Zweck je eine aus. Auch andere der in den folgenden Kapiteln beschriebenen Werkzeuge haben durchaus prominente Konkurrenz mit ähnlichen Fähigkeiten. Diese werden wir dann benennen und kurz begründen, warum wir dem näher erläuterten Werkzeug den Vorzug geben.

Im Fall von jslint und JSHint fällt die Entscheidung nicht leicht, da deren Funktionsumfang praktisch der gleiche ist. Beide Werkzeuge überprüfen JavaScript-Code mit einem ähnlichen Satz an Regeln. Auch die Anzahl dieser Regeln ist beinahe identisch. jslint ist aber deutlich rigider im Syntax-Check und steht im Ruf, sehr stark von den Ansichten von Douglas Crockford – dem Vater des Werkzeugs – beeinflusst zu sein. Das mag kein Nachteil sein, aber die Frage nach der „korrekten" Syntax kann unter Entwicklern Glaubenskriege entfachen.

JSHint wurde von jslint abgeleitet, um einen liberaleren, stärker von der Community geprägten Weg einzuschlagen. Das Werkzeug hat in den Standardeinstellungen weniger strikte Regeln als jslint aktiviert und bietet dafür deutlich mehr Optionen, um weitere Regeln zu ergänzen. Sind all diese zusätzlichen Regeln aktiviert, verhält sich JSHint nahezu wie sein Vorgänger jslint. Mittlerweile scheint sich JSHint gegenüber jslint durchzusetzen, und es finden sich, zumindest auf github, mehr Projekte, die JSHint einsetzen.

3.2 Der erste Einsatz

In Kapitel 2 haben wir JSHint nicht zum Selbstzweck installiert, denn es soll uns ja bei der Fehlersuche unterstützen. Konkret ging es um den Fehler im folgenden Beispiel:

```
output = function () {
    return
        'Gunnar Wrobel hat heute Geburtstag. Kaufe ein Geschenk!';
```

```
}

console.log(output())
```

JSHint wurde von npm lokal installiert, wobei auch das ausführbare Skript node_modules/jshint/bin/jshint auf der Festplatte gelandet sein sollte. Das Code-Beispiel liegt in der Datei geburtstag.js. Der Aufruf für die erste JSHint-Überprüfung sieht folgendermaßen aus:

```
$ ./node_modules/jshint/bin/jshint geburtstag.js
geburtstag.js: line 2, col 11, Missing semicolon.
geburtstag.js: line 3, col 9, Expected an assignment or function call and ↵
instead saw an expression.
geburtstag.js: line 4, col 2, Missing semicolon.
geburtstag.js: line 6, col 22, Missing semicolon.

4 errors
```

JSHint moniert die fehlenden Semikola in den Zeilen 2, 4 und 6. Zugegebenermaßen hat unser Code das Semikolon – ein im JavaScript nicht unwesentliches Zeichen – bislang sträflich vernachlässigt.

Außerdem beschwert sich JSHint über die dritte Zeile, in der nur ein einzelner String steht. JSHint möchte hier eine Zuweisung (*Assignment*) oder einen Funktionsaufruf (*Function Call*) sehen, sieht aber nur einen losgelösten String (*Expression*).

3.3 Allgemeine JSHint-Optionen

Die nächsten Abschnitte widmen sich zunächst dem Aufruf von JSHint, um im Anschluss einen genaueren Blick auf die Fehler zu werfen. Der lokale Aufruf via node_modules/jshint/bin/jshint ist der lokalen Installation via npm geschuldet. Es spricht nicht viel dagegen, das Werkzeug, wie unter Abschnitt 2.1 beschrieben, mit npm install -g global zu installieren. Der Aufruf verkürzt sich dann auf ein einfaches jshint.

Der Nachteil: Alle JavaScript-Projekte werden so mit derselben JSHint-Version überprüft, was Ihnen z.B. bei Updates und deren Folgen für unterschiedliche Projekte und Entwickler bewusst sein sollte.

jshint bietet nur wenige Optionen, die ein Aufruf mit --help auflistet:

```
$ ./node_modules/jshint/bin/jshint --help
Usage:
  jshint [OPTIONS] [ARGS]

Options:
  -c, --config STRING    Custom configuration file
      --reporter STRING  Custom reporter (<PATH>|jslint|checkstyle)
      --exclude STRING   Exclude files matching the given filename pattern
```

```
                              (same as .jshintignore)
         --exclude-path STRINGPass in a custom jshintignore file path
         --verbose         Show message codes
         --show-non-errors Show additional data generated by jshint
    -e, --extra-ext STRING Comma-separated list of file extensions to use
                              (default is .js)
         --extract [STRING] Extract inline scripts contained in HTML
                              (auto|always|never, default to never)  (Default ↵
is never)
         --jslint-reporter Use a jslint compatible reporter (DEPRECATED, use
                              --reporter=jslint instead)
         --checkstyle-reporter Use a CheckStyle compatible XML reporter
                                 (DEPRECATED, use --reporter=checkstyle
                                 instead)
    -v, --version          Display the current version
    -h, --help             Display help and usage details
```

Die Option --help ist selbsterklärend und zeigt, wie oben demonstriert, die Hilfe. Die Option --version informiert über die aktuell installierte Version.

Mit Hilfe der Argumente legen Sie die zu überprüfenden Dateien fest. Im oben beschriebenen Fall war das nur die Testdatei geburtstag.js. Üblicherweise interessieren den Entwickler aber gleich eine ganze Reihe von Dateien. Angenommen, der Code ist so strukturiert, dass alle Code-Dateien unterhalb eines lib-Verzeichnisses liegen – dann reicht der Aufruf von jshint lib, um die enthaltenen Dateien über alle Unterordner hinweg rekursiv einer Prüfung durch JSHint zu unterziehen. Auch Platzhalter werden akzeptiert: die Angabe jshint lib/* führt zu einer Überprüfung aller Dateien unter lib sowie der Dateien aller Unterordner – in diesem konkreten Beispiel also derselbe Effekt wie jshint lib.

Die Option --extra-ext bestimmt andere Dateiendungen als die von JSHint als Standard angenommene Endung .js, was selten vorkommen dürfte. Die Option ist jedoch nützlich, wenn Sie den JavaScript-Code direkt in das HTML packen und mit der Option --extract always JSHint anweisen, den Code direkt aus .html-Dateien herauszuklauben – ein Verfahren, das ich aber unter keinen Umständen empfehlen möchte! Wer JavaScript direkt in das HTML schreibt, kann JSHint zwar vielleicht noch verwenden, aber spätestens beim Unit-Testing geht es dann nicht mehr weiter. HTML und JavaScript zu mischen, macht es deutlich schwieriger, hochwertigen Code zu schreiben.

Sollen einzelne Dateien explizit von einer Überprüfung ausgenommen werden, hilft die Option --exclude. Alternativ liest JSHint auch die Datei .jshintignore und ignoriert die dort gelisteten Dateien (eine pro Zeile).

3.4 Die Ausgabe von JSHint

Die Ausgabe von JSHint bringen Sie mit der Option `--reporter` in Form. Neben der Standardeinstellung, die mit der oben gezeigten Ausgabe antwortet, lässt sich JSHint mit `--reporter jslint` dazu bewegen, die XML-Ausgabe seines Vorgängers `jslint` zu reproduzieren:

```
$ ./node_modules/jshint/bin/jshint --reporter jslint geburtstag.js
<?xml version="1.0" encoding="utf-8"?>
<jslint>
        <file name="geburtstag.js">
                <issue line="2" char="11" reason="Missing semicolon." ↵
evidence="    return " severity="W" />
                <issue line="3" char="9" reason="Expected an assignment ↵
or function call and instead saw an expression." evidence="        ↵
&apos;Gunnar Wrobel hat heute Geburtstag. Kaufe ein Geschenk!&apos;;" ↵
severity="W" />
                <issue line="4" char="2" reason="Missing semicolon." ↵
evidence="}" severity="W" />
                <issue line="6" char="22" reason="Missing semicolon." ↵
evidence="console.log(output())" severity="W" />
        </file>
</jslint>
```

Damit können Sie auch Werkzeuge verwenden, die spezifisch auf die jslint-Ausgabe angepasst wurden. So gibt es z.B. ein jslint-Plugin für den Continuous Integration Server *Jenkins*.

Im Bereich der Syntax-Analyse existiert zudem ein verbreitetes und sprachunabhängiges Format des Java-Syntax-Checkers checkstyle, das viele IDEs und Programme der Continuous Integration verstehen. Auch JSHint unterstützt es. Übergeben Sie der Option `--reporter` einfach den Wert checkstyle:

```
$ ./node_modules/jshint/bin/jshint --reporter checkstyle geburtstag.js
<?xml version="1.0" encoding="utf-8"?>
<checkstyle version="4.3">
        <file name="geburtstag.js">
                <error line="2" column="11" severity="error" ↵
message="Missing semicolon." source="jshint.W033" />
                <error line="3" column="9" severity="error" ↵
message="Expected an assignment or function call and instead saw an ↵
expression." source="jshint.W030" />
                <error line="4" column="2" severity="error" ↵
message="Missing semicolon." source="jshint.W033" />
                <error line="6" column="22" severity="error" ↵
message="Missing semicolon." source="jshint.W033" />
        </file>
</checkstyle>
```

Wieder produziert JSHint eine XML-Ausgabe, die viele IDEs auswerten und direkt beim Schreiben des Codes dazu nutzen, den Autor auf potentielle Probleme hinzuweisen.

Das sind die Ausgabeformate, die JSHint von Haus aus mitbringt. Wem das nicht reicht, der findet über die Suche nach jshint reporter im npm-Paket-Repository[1] eine Reihe von Erweiterungen, die weitere Formate unterstützen. Wer JSHint nicht in seine IDE einbindet und eher auf der Kommandozeile einsetzt, der ist möglicherweise an einer lesbareren Ausgabe interessiert. Dafür eignet sich das Plugin jshint-stylish. Freunde der Kommandozeile installieren es mit npm install jshint-stylish:

```
$ npm install jshint-stylish
npm WARN package.json geburtstage@0.0.1 No README data
npm http GET https://registry.npmjs.org/jshint-stylish
npm http 200 https://registry.npmjs.org/jshint-stylish
npm http GET https://registry.npmjs.org/jshint-stylish/-/jshint-
stylish-1.0.0.tgz
...
npm http 200 https://registry.npmjs.org/ansi-regex/-/ansi-regex-1.1.0.tgz
jshint-stylish@1.0.0 node_modules/jshint-stylish
├── log-symbols@1.0.0
├── text-table@0.2.0
├── string-length@1.0.0 (strip-ansi@2.0.0)
└── chalk@0.5.1 (escape-string-regexp@1.0.2, ansi-styles@1.1.0, supports-
color@0.2.0, strip-ansi@0.3.0, has-ansi@0.1.0)
```

JSHint liefert jetzt mit Hilfe der Option --reporter und einem direkten Verweis auf den neu installierten Code ein übersichtlicheres und farbiges Bild:

```
$ ./node_modules/jshint/bin/jshint --reporter node_modules/jshint-stylish/
stylish.js geburtstag.js
geburtstag.js
  line 2  col 11  Missing semicolon.
  line 3  col 9   Expected an assignment or function call and instead saw ↵
an expression.
  line 4  col 2   Missing semicolon.
  line 6  col 22  Missing semicolon.

  ⚠  4 warnings
```

Wenn Sie das Format weiter nutzen möchten, sollten Sie die zusätzliche Abhängigkeit auch in der Datei package.json verewigen:

```
"devDependencies": {
    "jshint": "2.4.1",
    "jshint-stylish": "1.0.0"
}
```

___

1 https://npmjs.org

3.5 Umgang mit der JSHint-Ausgabe

Was aber können Sie nun mit der eigentlichen Ausgabe von JSHint anfangen? Ihre erste und offensichtliche Standardreaktion sollte sein: Fehler korrigieren!

Die Datei `geburtstag.js` weist vier von JSHint bemängelte Probleme auf, von denen drei mit dem Entfernen eines Zeilenumbruchs bzw. dem Ergänzen eines Semikolons schnell behoben sind:

```
output = function () {
    return 'Gunnar Wrobel hat heute Geburtstag. Kaufe ein Geschenk!';
};

console.log(output())
```

Schon ist JSHint zufriedener und liefert im nächsten Lauf nur noch einen Fehler:

```
$ $ ./node_modules/jshint/bin/jshint --reporter node_modules/jshint-
stylish/stylish.js geburtstag.js

geburtstag.js
  line 5  col 22  Missing semicolon.

  ⚠  1 warning
```

Im Normalfall würden Sie nun natürlich auch noch den letzten Fehler beseitigen, aber wir benötigen ihn noch zu Demonstrationszwecken.

Nehmen wir an, ein Entwickler folgt dem Prinzip, im JavaScript-Code alle eindeutigen Semikola zu setzen – nicht aber am Ende der Datei. Er folgt also der allgemeinen JSHint-Regel, möchte aber unter bestimmten Umständen eine Ausnahme von der Regel machen.

JSHint erlaubt, solche Ausnahmen an den entsprechenden Stellen im Code zu markieren, muss dafür aber die JSHint-interne Fehlernummer kennen. Diese ist über die Option `--verbose` leicht zu ermitteln:

```
$ ./node_modules/jshint/bin/jshint --verbose --reporter node_modules/
jshint-stylish/stylish.js geburtstag.js

geburtstag.js
  line 5  col 22  Missing semicolon.  (W033)

  ⚠  1 warning
```

Das in Klammern gesetzte `W033` identifiziert die Fehlernummer. Das folgende Beispiel verwendet nun genau diese, um JSHint dazu zu bringen, den Fehler ab einem bestimmten Punkt in der Datei zu ignorieren:

```
output = function () {
    return 'Gunnar Wrobel hat heute Geburtstag. Kaufe ein Geschenk!';
```

```
};

/* jshint -W033 */
console.log(output())
```

Der neue Kommentarbereich /* ... */ enthält mit jshint -W033 die JSHint-Anweisung, dass der Fehlertyp W033 ab diesem Punkt ignoriert werden soll. JSHint beschwert sich bei einem erneuten Lauf auch nicht mehr über unsere Testdatei:

```
$ ./node_modules/jshint/bin/jshint --reporter node_modules/jshint-stylish/
stylish.js geburtstag.js
```

```
✔ No problems
```

Am Ende einer Datei ist eine solche Anweisung unproblematisch. Wollen Sie den Fehler aber weiter oben ausklammern, sollten Sie die Direktive auch wieder zurücknehmen; andernfalls wird JSHint die Regel im gesamten Bereich nach der Direktive nicht mehr prüfen.

Das folgende Beispiel entfernt das Semikolon nach dem return-Statement und zeigt, dass die Regel W033 mit der Direktive /* jshint +W033 */ wieder aktiviert werden kann:

```
/* jshint -W033 */
output = function () {
    return 'Gunnar Wrobel hat heute Geburtstag. Kaufe ein Geschenk!'
};
/* jshint +W033 */

console.log(output())
```

JSHint ermittelt das fehlende Semikolon ausschließlich in der Zeile, die der Reaktivierung der JSHint-Regel folgt:

```
$ ./node_modules/jshint/bin/jshint --reporter node_modules/jshint-stylish/
stylish.js geburtstag.js
```

```
geburtstag.js
  line 7  col 22  Missing semicolon.

  ⚠  1 warning
```

3.6 Variablendeklaration

Das nächste Beispiel setzt nun endlich alle Semikola, enthält dafür aber einen anderen typischen Fehler: einen Tippfehler. In JavaScript kann dies unangenehme Folgen haben:

```
output = function () {
    return 'Gunnar Wrobel hat heute Geburtstag. Kaufe ein Geschenk!';
```

```
};

console.log(outputs());
```

In nur zwei Zeilen Code ist ein solcher Fehler leicht zu erkennen, und auch ein Durchlauf mit Node.js zeigt ihn sofort:

```
$ node geburtstag.js

geburtstag.js:5
console.log(outputs());
            ^
ReferenceError: outputs is not defined
    at Object.<anonymous> (geburtstag.js:5:13)
    at Module._compile (module.js:456:26)
    at Object.Module._extensions..js (module.js:474:10)
    at Module.load (module.js:356:32)
    at Function.Module._load (module.js:312:12)
    at Function.Module.runMain (module.js:497:10)
    at startup (node.js:119:16)
    at node.js:906:3
```

Node.js zeigt den Fehler allerdings erst beim Ausführen des Codes. Gerade bei größeren Projekten kann das recht spät sein. Es ist deutlich vorteilhafter, Fehler so früh wie möglich zu erkennen und damit im finalen Produkt zu vermeiden.

Zu Beginn dieses Kapitels haben wir bereits empfohlen, alle Variablen auch zu deklarieren. JSHint erkennt entsprechende Probleme, merkt sie in der Standardeinstellung aber nicht an. Wie veranlassen wir JSHint zu den passenden Meldungen?

Zum einen über eine entsprechende Direktive im Code:

```
/* jshint undef: true */
output = function () {
    return 'Gunnar Wrobel hat heute Geburtstag. Kaufe ein Geschenk!';
};

console.log(outputs());
```

undef: true aktiviert die JSHint-Regel, nach der jede Variable im Code deklariert sein muss. Schon findet JSHint den Code nicht mehr ganz so schön:

```
$ ./node_modules/jshint/bin/jshint --reporter node_modules/jshint-stylish/
stylish.js geburtstag.js

geburtstag.js
  line 2  col 1    'output' is not defined.
  line 6  col 1    'console' is not defined.
  line 6  col 13   'outputs' is not defined.

  ⚠  3 warnings
```

Das Beispiel verwendet offensichtlich drei Variablen, obwohl diese zuvor nicht eindeutig deklariert wurden – etwa output nicht mit var output. Im Browser würde so eine globale Variable erzeugt. Auf console wird mit dem Aufruf console.log() zugegriffen, ohne dass aus dem Code hervorginge, woher console eigentlich kommt. JavaScript-Entwickler wissen zwar, dass console sowohl im Browser als auch unter Node.js als globale Variable verfügbar ist, aber die letzte Warnung ('outputs' is not defined) macht deutlich, warum Variablen entweder deklariert sein sollten oder explizit darauf hingewiesen wird, dass sie aus dem globalen Scope stammen. Nur so ist über die Prüfung mit JSHint frühzeitig festzustellen, dass bei outputs ein Tippfehler vorliegt.

Der korrigierte Code deklariert die Variable output über var output = ... und beseitigt den Tippfehler, so dass die Rückgabe von output() am Ende ausgegeben wird:

```
/* jshint undef: true */
var output = function () {
    return 'Gunnar Wrobel hat heute Geburtstag. Kaufe ein Geschenk!';
};

console.log(output());
```

Damit läuft der Code auch in Node.js wieder sauber durch und reagiert mit der Ausgabe Gunnar Wrobel hat heute Geburtstag. Kaufe ein Geschenk!. JSHint ist aber noch nicht zufrieden:

```
$ ./node_modules/jshint/bin/jshint --reporter node_modules/jshint-stylish/
stylish.js geburtstag.js

geburtstag.js
  line 6  col 1  'console' is not defined.

  ⚠  1 warning
```

console innerhalb des obigen Codes definieren zu wollen, wäre der falsche Weg. Schließlich ist der Zugriff auf das console-Objekt eine Grundfunktionalität, die Node.js und alle Browser zur Verfügung stellen. Der Wert der Variable console ist automatisch als globale Variable verfügbar. Also ist JSHint anzuweisen, diese globale Variable nicht zu monieren.

Ein Weg führt wieder über eine Direktive im Code:

```
/* global console */
/* jshint undef: true */
var output = function () {
    return 'Gunnar Wrobel hat heute Geburtstag. Kaufe ein Geschenk!';
};

console.log(output());
```

Die Direktive global funktioniert übrigens auch unter jslint in der gleichen Weise. JSHint ist nun wieder zufrieden und meldet keine weiteren Probleme mit unserem Beispiel:

```
$ ./node_modules/jshint/bin/jshint --reporter node_modules/jshint-stylish/
stylish.js geburtstag.js
```

✔ No problems

3.7 Spielregeln

Der vorangegangene Abschnitt hat eine erste Option zu einer JSHint-Regel beleuchtet: undef. Diese Regel ist in den JSHint-Standardregeln nicht enthalten und muss eigens aktiviert werden. Die fehlenden Semikola hat JSHint jedoch ohne konkrete Anweisung kritisiert. Die entsprechende Regel (asi) gehört zu den von JSHint verwendeten Standardregeln. Wer innerhalb einer Datei auf die Überprüfung der Semikola verzichten möchte, setzt in den ersten Zeilen die Direktive asi: true, um die Überprüfung zu *deaktivieren*:

```
/* global console */
/* jshint undef: true, asi: true */
var output = function () {
    return 'Gunnar Wrobel hat heute Geburtstag. Kaufe ein Geschenk!'
}

console.log(output())
```

In diesem Beispiel wurden wieder alle Semikola entfernt, was JSHint mit der Option asi: true klaglos akzeptiert:

```
$ ./node_modules/jshint/bin/jshint --reporter node_modules/jshint-stylish/
stylish.js geburtstag.js
```

✔ No problems

Das Beispiel zeigt, dass es zwei Arten von Optionen gibt: *verstärkende* und *lockernde*. undef: true macht als verstärkende Option die Überprüfung von JSHint rigider, während asi: true als lockernde Optionen die Prüfung laxer gestaltet. In beiden Fällen wird die Option mit true aktiviert. Es ist also wichtig, zu wissen, zu welchem der beiden Typen eine Option gehört.

Wonach aber richtet sich die Entscheidung, welche Optionen aktiviert und welche Regeln erst einmal unberücksichtigt bleiben sollen? Entscheidend ist die Frage, ob schon Code existiert oder ob die Entwicklung gerade erst beginnt.

Ist noch kein Code vorhanden – so wie im Beispielprojekt dieses Buches – sollten keine lockernden, aber alle verstärkenden Optionen aktiviert werden. Ausgenommen sind jene, bei denen der Entwickler oder das Team explizit entschieden haben, sie nicht zu beachten.

Sofern die Entwicklung an einem Projekt gerade erst beginnt, ist es ratsam, mit einer rigiden Überprüfung durch JSHint zu starten und nachträglich einige Regeln, die nicht zum gewählten Entwicklungsstil passen, zu deaktivieren.

Ganz anders die Situation bei bereits geschriebenem Code: In den meisten Fällen wird die Überprüfung einer bestehenden Code-Basis, die ohne JSHint- oder jslint-Überprüfung entstanden ist, sehr viele Probleme anmerken.

Doch auch hier starten Sie die erste Überprüfung mit einem rigiden Set an Optionen, um einen Überblick zu erhalten. Der erste Problembericht zeigt dann, welche Regeln Sie komplett deaktivieren sollten, welche Sie längerfristig unterstützen könnten und welche schon fehlerfrei bzw. fast fehlerfrei durchlaufen. Bei letzteren korrigieren Sie die wenigen Probleme unmittelbar und lassen die Regeln aktiviert. Regeln, die gar nicht unterstützt werden sollen, entfernen Sie vollständig, und solche, die später einmal greifen sollen, derzeit aber noch zu viele Fehler werfen, kommentieren Sie zunächst aus; später lassen sie sich nach und nach im Code umsetzen und dann auch prüfen.

3.8 Eine Konfigurationsdatei für JSHint

Das Ganze wäre ein etwas umständliches Unterfangen, müssten Sie die Optionen – wie bisher – einzeln pro Datei festlegen. Natürlich geht es auch einfacher, denn JSHint erlaubt es, die Optionen in einer Konfigurationsdatei zu hinterlegen. Typischerweise heißt diese Datei .jshintrc und liegt im Basisverzeichnis des Projekts. Wer von dieser Konvention abweichen möchte, übergibt JSHint beim Kommandozeilenaufruf mit der Option --config einen alternativen Pfad.

Die Konfigurationsdatei muss im JSON-Format vorliegen, wobei eine Besonderheit zu beachten ist: Innerhalb des JSON-Formats dürfen einzeilige Kommentare – eingeleitet mit // – verwendet werden. Auch mehrzeilige Kommentare, die mit /* beginnen und */ enden, sind möglich. Diese Kommentare entfernt JSHint automatisch, bevor es das JSON-Format liest. Hier ein erstes Beispiel:

```
{
    // Verstärkende Optionen:
    "bitwise":      true,
```

```
"camelcase":     true,
"curly":         true,
"eqeqeq":        true,
"forin":         true,
"freeze":        true,
"immed":         true,
"latedef":       true,
"maxcomplexity":  10,
"maxdepth":        5,
"maxlen":        120,
"maxparams":      10,
"maxstatements":  20,
"newcap":        true,
"noarg":         true,
"noempty":       true,
"nonbsp":        true,
"nonew":         true,
"quotmark":      true,
"strict":        true,
"trailing":      true,
"undef":         true,
"unused":        true,
"indent":          2,

// Abschwächende Optionen:

// Globale Variablen:
"globals": {
}
}
```

Hier ist ein einzelnes Objekt in JSON-Notation definiert. Darin gibt es Attribute, die einzelne Optionen spezifizieren. Der Wert eines Attributs bestimmt den Status der Option. In den meisten Fällen wird die Option mit true aktiviert bzw. mit false deaktiviert. Es gibt aber auch Optionen, die Zahlenwerte entgegennehmen. Die Optionen sind in Anhang A detailliert beschrieben.

Eine Sonderstellung hat das globals-Attribut bzw. die globals-Option. Der Wert dieser Option ist selbst ein Objekt. Es enthält einzelne Attribute, deren Namen den globalen Variablen entsprechen, bei denen sich JSHint nicht über die fehlende Deklaration beschweren soll. Das Konfigurationselement globals in der Datei .jshintrc macht es überflüssig, die Zeile /* global ... */ in jede JavaScript-Datei aufzunehmen – zumindest bei einigen zentralen Variablen, die immer wieder vorkommen.

Wir machen hier keine Ausnahmen und deklarieren alle Variablen explizit in den Dateien. Bei größeren Projekten wären im obigen Beispiel aber z.B. module und require vernünftige Einträge für die globals-Option. Damit würden diese Variablen im JavaScript-Code JSHint nicht zur Ausgabe eines Fehlers veranlassen. Das ist bei Node.js-Code durchaus sinnvoll, andernfalls beginnt nahezu jede Datei mit `/* global module, require */`.

Unser Beispiel listet ausschließlich verstärkende Optionen. Es steht damit für eine möglichst rigide Konfiguration, die alle verfügbaren JSHint-Überprüfungen aktiviert. Hier ist das durchaus sinnvoll, da für unser Geburtstagslisten-Projekt kaum Code vorliegt.

Eine Besonderheit der JSHint-Konfiguration sei noch erwähnt: Die Konfigurationsdatei muss nicht ausschließlich im Basisverzeichnis des Projekts liegen. Findet sich z. B. im `test`-Verzeichnis mit dem Testcode des Projekts ebenfalls eine Datei `test/.jshintrc`, so werden die darin festgelegten Werte die Optionen der Basiskonfiguration aus dem Wurzelverzeichnis des Projekts überschreiben – natürlich nur lokal für den `test`-Ordner. So können Sie z. B. für den eigentlichen Code und den zugehörigen Testcode unterschiedliche Qualitätsmaßstäbe anlegen.

3.9 JavaScript Code Style

Sobald die Datei `.jshintrc` mit obigem Inhalt im Wurzelverzeichnis des Beispielprojekts liegt, ist das Thema Stil-Überprüfung des Codes im Grunde abgeschlossen.

Nun hat JSHint aber in den vergangenen Monaten einige Regeln zur Code-Überprüfung verloren. Regeln, die jslint als Vorgänger von JSHint durchaus noch beherrscht. Ist JSHint nachlässiger geworden? Nein, aber die JSHint-Entwickler haben einen bestimmten Typ von Regelsätzen entfernt, und zwar jene, die eine rein stilistische Prüfung vornehmen. Die Entwickler von JSHint möchten das Werkzeug nur auf Probleme fokussieren, die zu ernsthaften Fehlern im Code führen können. So ist es nicht kritisch, wie einzelne Code-Zeilen eingerückt wurden oder ob Tabulatoren verwendet werden. Das sind stilistische Entscheidungen, die den Code mehr oder weniger gut lesbar machen.

Natürlich ist die Lesbarkeit von Code nicht irrelevant, und eine Prüfung auf einen einheitlichen Stil mag durchaus sinnvoll sein, insbesondere wenn im Team entwickelt wird. Aber diese Überprüfung innerhalb von JSHint anzusiedeln, ist nicht unbedingt hilfreich.

Außerdem gibt es mittlerweile das Werkzeug *JavaScript Code Style Checker* (`jscs`), das auf die stilistische Analyse von Code spezialisiert ist. Das JSHint-Projekt entfernt darum alle stilistischen Überprüfungen und empfiehlt dafür `jscs`.

Der Funktionsumfang von `jscs` ist in diesem Bereich deutlich größer. Wer also im Team arbeitet und einen einheitlichen Stil für den Code favorisiert, dem sei das Werkzeug ans Herz gelegt.

Für unser kleines Beispielprojekt ist `jscs` kaum von Nutzen, weshalb wir eine ausführlichere Beschreibung dieses Werkzeug im Anhang platziert haben (Anhang B).

Build-Automation mit Grunt

Es erscheint reichlich umständlich, in regelmäßigen Abständen JSHint aufzurufen, um den Code zu untersuchen. Viel praktischer wäre ein automatischer Prüfvorgang nach jedem Speichern.

Um das – und noch mehr – zu erreichen, etablieren wir in diesem Kapitel den sogenannten *Build*, also einen Prozess, an dessen Ende der fertige JavaScript-Code steht. Da JavaScript eine ad hoc interpretierte Sprache ist, fehlt der in anderen Sprachen typische Schritt des „Kompilierens". Dennoch werden wir bis zum Ende des Buches eine ganze Reihe von Schritten kennenlernen, die abzuarbeiten sind, bevor der produktionsreife Code vorliegt. Ein erster dieser Schritte ist die bereits angesprochene automatische Prüfung des Codes mit Hilfe von JSHint. Solange JSHint Fehler wirft, hat der Code nicht das Prädikat „produktionsreif" verdient.

Jede Programmiersprache hat ihre eigenen Werkzeuge für die Automation hervorgebracht. Es spricht nichts dagegen, etablierte Tools wie make für die Build-Automation heranzuziehen. Allerdings spricht auch nicht allzu viel dafür, denn make liefert wenig JavaScript-Spezifisches. Das typische Werkzeug für die Build-Automation in der JavaScript-Welt ist *Grunt* (das englische Wort für „grunzen"). Die Namenswahl mag befremdlich wirken, soll jedoch ausdrücken, dass Grunt die anstrengenden, unangenehmen Arbeiten übernimmt.

4.1 Grunt oder gulp?

Auch hier gibt es eine nennenswerte Alternative: das Build-Werkzeug *gulp*, das explizit als Konkurrent zu Grunt angetreten ist und eine effektivere Lösung des gleichen Problems verspricht.

Leider fällt die Entscheidung zwischen beiden Systemen schwerer als zwischen JSHint und jslint. Die beiden Werkzeugen zugrunde liegenden Konzepte sind unterschiedlich genug, um einen genaueren Blick darauf zu werfen.

Grunt bezeichnet sich selbst als „The JavaScript task runner", also als der „Laufbursche für JavaScript-Aufgaben". Dieser „Laufbursche" nimmt eine Konfiguration entgegen – sozusagen seine Aufgabenliste – und arbeitet sie nach den Wünschen seines Auftraggebers – des Entwicklers – ab. Das Problem: Je länger die Aufgabenliste mit der wachsenden Zahl der Aufgaben bzw. der Größe des Projekts wird, desto unübersichtlicher entwickelt sich das Ganze. Besonders komplex wird es, wenn einzelne Aufgaben voneinander abhängig sind und ineinander greifen.

Der Konkurrent gulp geht mit dem Slogan „The streaming build system" ins Rennen. Der Fokus liegt bei gulp auf Arbeitsschritten, die wie am Fließband aufeinanderfolgen, etwa das Umschreiben, Aneinanderhängen und abschließende Minifizieren des JavaScript-Codes. Jeder Schritt schließt an den vorangehenden an und arbeitet mit dessen Resultat weiter. Jede Station sieht immer nur einen kleinen Ausschnitt des Code-Ganzen, denn die Dateien werden laufend vorbeigeführt („gestreamt"). Der Ablauf lässt sich mit dem Videostreaming aus dem Internet vergleichen, bei dem der Rechner bzw. Fernseher als Arbeitsstation niemals den gesamten Film im Speicher hat, sondern Sequenz für Sequenz nachlädt und anzeigt.

Die Konfiguration von gulp erfolgt darum auch nicht in einer umfangreichen Aufgabenliste, sondern durch Code, der die einzelnen Stationen des Fließbands und deren Zusammenspiel definiert. Dafür haben die gulp-Entwickler eine sehr schmale, einfach nachzuvollziehende API entworfen, dank derer die resultierende Konfigurationsdatei im Schnitt halb so umfangreich ist wie die von Grunt, was den Build-Prozess deutlich übersichtlicher macht.

Darüber hinaus erkennt gulp im Format seiner Konfigurationsdatei, welche Arbeitsschritte in Reihe verrichtet werden müssen und welche beispielsweise „auf einem anderen Fließband" ablaufen. Das macht gulp deutlich schneller als Grunt, denn es lastet durch parallele Prozesse eine moderne CPU mit mehreren Kernen besser aus.

Das klingt alles gut und wirft für gulp einiges in die Waagschale. Dennoch setzen wir im Folgenden auf Grunt – warum?

Das Hauptproblem von gulp besteht darin, dass die Entwicklung erst im Juni 2013 begann, das Werkzeug also noch sehr jung ist.

Sowohl Grunt als auch gulp benötigen ein Ökosystem von Plugins, um die ganze Palette an Werkzeugen, die für einen JavaScript-Build notwendig sind, anzusprechen. So braucht Grunt z.B. das Paket `grunt-contrib-jshint` als Brücke zu JSHint, während gulp analog auf `gulp-jshint` angewiesen ist.

Für Grunt steht hier bereits sehr vieles zur Verfügung, und gulp holt sehr schnell auf. Leider aber haben viele gulp-Plugins ein gravierendes Problem: gulp und das vom Plugin angesprochene Build-Werkzeug passen häufig nicht richtig zueinander. gulp kann lange von produktiven Fließbändern und schnellen Streams träumen, wenn die verwendeten Werkzeuge eine andere Sprache sprechen. So wollen die meisten Build-Werkzeuge die zu bearbeitenden Dateien von der Festplatte laden und erwarten als Konfiguration ein komplexes Objekt mit allen notwendigen Parametern. Hier lässt ganz deutlich Grunt grüßen.

Wer sich den Code der gulp-Plugins anschaut, mag sich ein wenig verschaukelt fühlen, wenn er in den allermeisten Fällen die Fehlermeldung „Streams werden nicht unterstützt" findet. Viele gulp-Plugins kopieren den von gulp übernommenen Input in einen String oder eine temporäre Datei, um das aufzurufende Build-Werkzeug mit diesen Zwischenlösungen zu füttern.

Das schöne Bild vom Fließband entspricht also leider nicht der Realität. Die Idee ist natürlich trotzdem nicht falsch. Jedoch hatte gulp noch nicht die Zeit, die Landschaft der JavaScript-Build-Werkzeuge in der gleichen Weise zu prägen wie Grunt. Das ist übrigens auch bei komplexeren Builds festzustellen: Mit gulp fällt die Konfiguration nicht immer so leicht wie mit Grunt.

Vor diesem Hintergrund setzen die nachfolgenden Kapitel auf Grunt, wohl wissend, dass die Welt und gulp in einem Jahr schon wieder anders aussehen – und vielleicht macht ja auch eine ganz neue Alternative das Rennen im bewegten JavaScript-Kosmos.

4.2 Installation von Grunt

Um Grunt im Projekt einzubinden, muss es in der Datei package.json – ähnlich wie JSHint (siehe Abschnitt 2.6) – hinterlegt sein. Außerdem soll Grunt, wie oben erwähnt, zunächst die Überprüfung mit JSHint automatisieren. Da Grunt JSHint nicht automatisch kennt, muss package.json auch das erste Plugin einbinden: grunt-contrib-jshint. Das wird nicht das einzige Plugin bleiben, es reicht aber für den Anfang:

```
"devDependencies": {
    ...,
    "grunt": "0.4.5",
    "grunt-contrib-jshint": "0.11.0"
}
```

Grunt selbst können Sie von der Kommandozeile aus starten. Ein Wrapper-Skript für die Kommandozeile bringt das Paket grunt jedoch nicht von Haus aus mit. Das Skript ist in das zweite Paket grunt-cli ausgelagert. Nun könnte die Datei package.json dieses Paket ebenfalls in die obige Liste der Abhängigkeiten aufnehmen, aber das ist für grunt-cli ausnahmsweise völlig sinnlos, denn dann könnte es genauso gut Teil des Basispakets sein. Die Entwickler von grunt haben grunt-cli separiert, damit es global installiert wird. Damit landet grunt als ausführbarer Befehl im Standardpfad der Kommandozeile. Beim Aufruf von der Kommandozeile sucht das kleine Wrapper-Skript dann im aktuellen Pfad ein lokal installiertes grunt und wird es für das lokale Projekt ausführen. Sollte kein lokales grunt installiert sein, sucht es ein global installiertes. Das wollen wir aber hier, wie unter Abschnitt 2.1 beschrieben, vermeiden.

Das Zusammenspiel zwischen global installiertem Paket grunt-cli und lokal installiertem grunt gibt Ihnen bei einem einfachen Aufruf des Werkzeugs zugleich die Möglichkeit, die Version des lokal installierten Grunt je nach Notwendigkeit des Projekts anzupassen.

grunt-cli selbst ändert sich nur sehr selten. Installieren sollten Sie es ausnahmsweise mit der Option -g:

```
$ npm install -g grunt-cli
grunt-cli@0.1.13 /usr/local/lib/node_modules/grunt-cli
├── resolve@0.3.1
├── nopt@1.0.10 (abbrev@1.0.5)
└── findup-sync@0.1.3 (lodash@2.4.1, glob@3.2.11)
```

Die anderen der Datei package.json hinzugefügten Pakete installiert npm lokal im Projektverzeichnis über den Aufruf von npm install:

```
$ npm install
...
```

```
grunt-contrib-jshint@0.11.0 node_modules/grunt-contrib-jshint
├── hooker@0.2.3
...
grunt@0.4.2 node_modules/grunt
├── dateformat@1.0.2-1.2.3
...
```

4.3 Gruntfile.js – das Herzstück der Build-Automation

Die Build-Automation via Grunt steuern Sie über eine Datei namens `Gruntfile.js`. Sie liegt im obersten Verzeichnis des Projekts und ist, wie die Dateiendung verrät, in JavaScript geschrieben, enthält aber zu einem großen Teil Konfigurationsdaten. Folgendes `Gruntfile.js` verzichtet zunächst auf jeglichen Inhalt und ist das Minimum einer Grunt-Konfigurationsdatei:

```
module.exports = function (grunt) {
    grunt.initConfig({
    });
};
```

Damit funktioniert Grunt bereits halbwegs – aber eben nur halbwegs, denn das Gruntfile definiert noch keine Aufgaben. Die Grundzüge der Struktur werden bereits deutlich: Die einleitende Zeile `module.exports = ...` definiert ein typisches Node.js-Modul. Die Zuweisung zu `module.exports` legt fest, was umgekehrt `require()` aus einem Modul laden wird. In Abschnitt 2.3 haben wir beschrieben, wie das Modul exit über `var exit = require('exit')` geladen wurde. Dort enthielt die Variable exit als Resultat eine Funktion. Gleiches gilt nun, wenn unser `Gruntfile.js` mit Hilfe von `require()` geladen wird:

```
$ node
> var config = require('./Gruntfile');
undefined
> console.log(config);
[Function]
undefined
```

Die Interaktion zwischen `require()` und `module.exports = ...` bezeichnet man als CommonJS-Modul-Syntax. Sie funktioniert nur innerhalb von Node.js.

Exportiert werden können prinzipiell alle Werte, nicht nur Funktionen. Ein `module.exports = true` exportiert eben nur den booleschen Wert true. Allerdings ist dieses kurze Statement keine sinnvolle Aufgabe für ein Modul. Im Normalfall werden Module genutzt, um Komplexität zu kapseln, und über `module.exports = { ... }` ganze Objekte oder eben über `module.exports = function (...) {...}` Funktionen exportiert.

Natürlich wird das oben dargestellte `Gruntfile.js` nicht manuell in Node.js geladen, sondern stellt ein Modul dar, das Grunt importieren wird. Als `exports` wird hier eine Funktion definiert, die den einzelnen Parameter `grunt` entgegennimmt. Es ist also anzunehmen, dass Grunt initial `Gruntfile.js` importieren und die exportierte Funktion aufrufen wird, um dabei als `grunt` ein Objekt zu übergeben, das die interne API von Grunt zur Verfügung stellt.

Eine Funktion der Grunt-API ist `initConfig()`, die ein komplexes Konfigurationsobjekt entgegennimmt. Im Beispiel ist dieses Objekt leer, da noch keine Aufgaben, die Konfigurationsvariablen benötigen, festgelegt sind.

Mit dieser Basiskonfiguration lässt sich Grunt nun aufrufen, wobei sich das Werkzeug aber noch über die fehlende `default`- bzw. Standard-Aufgabe beschwert:

```
$ grunt
Warning: Task "default" not found. Use --force to continue.

Aborted due to warnings.
```

4.4 Die erste Grunt-Aufgabe

Damit wird es Zeit, die JSHint-Überprüfung als erste Aufgabe zu definieren. Wie oben erwähnt, gehört die Integration mit JSHint nicht zum Standardrepertoire von Grunt. Aber sobald das Plugin `grunt-contrib-jshint` installiert ist, können Sie es auch in die Grunt-Konfiguration aufnehmen:

```
module.exports = function (grunt) {
    grunt.initConfig({
        jshint: {
            files: {
                src: ['Gruntfile.js', 'geburtstag.js'],
                options: {
                    jshintrc: true
                }
            }
        }
    });

    grunt.loadNpmTasks('grunt-contrib-jshint');

    grunt.registerTask('default', 'jshint');
};
```

Das oben dargestellte `Gruntfile.js` enthält drei neue Elemente: ganz unten mit `grunt.registerTask('default', 'jshint')` die default-Aufgabe. Weiter oben hat sich Grunt noch beschwert, dass diese Aufgabe fehlt. Das erste Argument von `registerTask()` legt den Namen der Aufgabe fest. Das nachfolgende Argument bezeichnet eine oder mehrere Aufgaben, die bei Aufruf der erstgenannten Aufgabe ausgeführt werden. Soll der Aufruf einer übergeordneten Aufgabe zur Ausführung mehrerer Teilaufgaben führen, ist als zweites Argument ein Array von Strings zu übergeben, also z.B. `grunt.registerTask('default', ['jshint', 'test'])`.

Im oben gezeigten Beispiel führt Grunt jetzt also die Aufgabe `jshint` durch, wenn die Aufgabe `default` ausgeführt werden soll. Das ist nur eine Umbenennung, die dann greift, wenn der Entwickler nur `grunt` ohne weitere Angabe von Argumenten auf der Kommandozeile aufruft.

Neben der Möglichkeit, eine Aufgabe als Alias einer anderen Aufgabe (`registerTask('a', 'b')`) oder aber als Aggregation mehrerer Unteraufgaben (`registerTask('a', ['b', 'c'])`) zu definieren, kann natürlich auch eine tatsächlich auszuführende Aufgabe angegeben werden. Das geschieht über die dritte Form von `registerTask()`:

```
grunt.registerTask('jshint', 'Validate files with JSHint.', function () ↵
{...})
```

Ist der dritte Parameter eine Funktion, bestimmt diese den Ablauf der Aufgabe – für die Aufgabe `jshint` also den Aufruf von JSHint. Der erste Parameter für `registerTask()` gibt den Namen der neu definierten Aufgabe an und der zweite Parameter ist eine Beschreibung der Aufgabe (hier: `Validate files with JSHint.`).

Es wäre allerdings wenig effektiv, den Ablauf der Aufgabe `jshint` via `grunt.registerTask(...)` in jedem `Gruntfile.js` eigenständig zu definieren. Viel einfacher lässt sich diese Aufgabe über das Plugin lösen, das in der Zeile `grunt.loadNpmTasks('grunt-contrib-jshint')` geladen wird.

Grunt geht bei diesem Aufruf in das Verzeichnis `node_modules` des aktuellen Projekts und sucht dort nach dem benannten Modul (hier `grunt-contrib-jshint`). Existiert es und liegt innerhalb dieses Verzeichnisses ein Ordner `tasks`, importiert Grunt jede Datei daraus. Definiert das entsprechend importierte Modul eine einzelne Funktion, ruft Grunt diese mit dem Objekt `grunt` auf, genau so wie auch das oben beleuchtete `Gruntfile.js`.

Das Plugin `grunt-contrib-jshint` haben wir bereits weiter oben installiert, so dass Grunt unter `node_modules/grunt-contrib-jshint/tasks/`

jshint.js den Code des Plugins findet. Die ersten Zeilen dieser Datei enthalten folgenden Code:

```
module.exports = function(grunt) {

  grunt.registerMultiTask('jshint', 'Validate files with JSHint.', ↵
function() {
  ...
```

Hier wird eine einzelne Funktion exportiert, die als Parameter die Grunt-API entgegennimmt. Die Aufgabe jshint wird dann mit registerMultiTask() deklariert. Im Kern arbeitet diese Funktion genauso wie registerTask(). Die Unterschiede – vor allem bei der Konfiguration – werden wir uns noch ansehen.

Jede Aufgabe lässt sich eigens konfigurieren, indem das Konfigurationsobjekt, das der Funktion initConfig() übergeben wird, einen dem Namen der Aufgabe entsprechenden Eintrag enthält. Im obigen Beispiel gibt es den zur Aufgabe jshint passenden Konfigurationseintrag:

```
...
    jshint: {
        files: {
            src: ['Gruntfile.js', 'geburtstag.js'],
            options: {
                jshintrc: true
            }
        },
    }
...
```

Diese Konfiguration zeigt auch schon den wesentlichen Unterschied zwischen einer mit registerTask() und einer mit registerMultiTask() definierten Aufgabe: Ein MultiTask wird mehrfach ausgeführt und hat mehrere Unteraufgaben, die separate Konfigurationseinträge erhalten. Im oben gezeigten Beispiel hat das MultiTask jshint jedoch nur eine einzelne Unteraufgabe, die mit files bezeichnet ist. Die Wahl des Namens ist beliebig, mit zwei kleinen Einschränkungen: Er darf nicht options sein und nicht mit einem Unterstrich (_) beginnen.

Würde das Paket grunt-contrib-jshint die jshint-Aufgabe mit registerTask() definieren, würde die Unterteilung der Konfiguration entfallen und so aussehen:

```
    jshint: {
        src: ['Gruntfile.js', 'geburtstag.js'],
        options: {
            jshintrc: true
        }
    }
```

Der Parameter `options` legt die Konfiguration für den JSHint-Lauf fest. Dieser Parameter akzeptiert alle Optionen, die auch JSHint entgegennimmt, z.B. `eqeqeq: true` oder auch `evil: false`. Das mag dann sinnvoll sein, wenn man JSHint ausschließlich über Grunt anspricht. Wer jedoch JSHint direkt auf der Kommandozeile laufen lassen oder die Überprüfung in den eigenen Editor integrieren möchte, sollte auf die Datei `.jshintrc` setzen. Dies lässt sich ebenfalls über den `options`-Parameter festlegen. In unserem Beispiel ist `jshintrc: true` festgelegt, so dass die Aufgabe `jshint` die Datei `.jshintrc` nutzt. JSHint wird dabei, wie üblich, bei jeder zu überprüfenden Quelldatei nach einer Datei `.jshintrc` im gleichen Verzeichnis oder in den darüber gelegenen Verzeichnissen suchen.

Alternativ können Sie mit der Option `jshintrc` auch direkt auf eine andere Datei als `.jshintrc` verweisen. Standardmäßig ist `jshintrc` aber auf `null` gesetzt und damit deaktiviert.

Im obigen Beispiel sind die Optionen als Teil der Unteraufgabe `files` definiert. Das ist nicht zwingend, und wir könnten die Optionen auch für alle Unteraufgaben festlegen, indem wir die Optionen eine Ebene nach oben ziehen:

```
...
    jshint: {
        files: {
            src: ['Gruntfile.js', 'geburtstag.js']
        },
        options: {
            jshintrc: true
        }
    }
...
```

Diese von Grunt eingeräumte Möglichkeit begründet auch, warum keine Unteraufgabe `options` heißen darf. Optionen, die auf der obersten Ebene festgelegt werden, lassen sich innerhalb der einzelnen Unteraufgaben auch wieder überschreiben:

```
...
    jshint: {
        files: {
            src: ['Gruntfile.js', 'geburtstag.js'],
            options: {
                jshintrc: null,
                evil: false
            }
        },
        options: {
            jshintrc: true
        }
```

```
    }
...
```

Im obigen Beispiel würde in der Unteraufgabe `files` auf die Konfigurationen der Datei `.jshintrc` verzichtet und die JSHint-Option `evil` aus der Standardkonfiguration deaktiviert. Ohne weitere Unteraufgaben ist die Option `jshintrc: true` auf der obersten Ebene natürlich nicht sinnvoll.

Sind die Optionen für alle JSHint-Läufe gleich (bzw. werden durch spezifische `.jshintrc`-Dateien in einzelnen Unterverzeichnissen abgedeckt), können Sie die Grunt-Konfiguration noch weiter vereinfachen:

```
...
    jshint: {
        files: ['Gruntfile.js', 'geburtstag.js'],
        options: {
            jshintrc: true
        }
    }
...
```

Das Beispiel verzichtet auf die Angabe des einzig verbleibenden Parameters `src` der Unteraufgabe `files` und repräsentiert die zu untersuchenden Quelldateien als Array. Damit wird das Grunt-Konfigurationsobjekt etwas übersichtlicher.

Diese Methode lässt sich für alle Grunt-Aufgaben anwenden, die eine Angabe von Quelldateien benötigen – und das sind die meisten Aufgaben.

Die Konfigurationsdatei definiert nur zwei Quelldateien, die JSHint aktuell überprüfen soll: `Gruntfile.js` und `geburtstag.js`. Mehr JavaScript-Code existiert noch nicht.

4.5 Der erste Grunt-Lauf

Die aktuelle Konfigurationsdatei bietet mehrere Aufrufvarianten: Zum einen lässt sich die Unteraufgabe `files` von `jshint` direkt mit `grunt jshint:files` aufrufen. Die Unteraufgabe wird hier also vom Namen der eigentlichen Aufgabe mit einem Doppelpunkt getrennt. Da `files` die einzige Unteraufgabe von `jshint` ist, reicht auch ein einfaches `grunt jshint`. Für den Fall, dass die Konfigurationsdatei mehrere Unteraufgaben definiert, würden natürlich alle Unteraufgaben laufen. Die Konfigurationsdatei definiert zudem `default` als Alias von `jshint`. Damit gibt es also die Alternative `grunt default`, um die JSHint-Aufgabe durchzuführen. Und wie der erste Grunt-Aufruf zu Beginn gezeigt hat, beschwert sich Grunt beim Aufruf von `grunt` ohne weitere Angaben über das feh-

lende default Task. Das definiert das `Gruntfile.js` aber nun. Langer
Rede kurzer Sinn, aktuell genügt für den JSHint-Check der einfache Aufruf `grunt`:

```
$ grunt
Running "jshint:files" (jshint) task

   Gruntfile.js
      2 |    grunt.initConfig({
              ^ Missing "use strict" statement.
      1 |module.exports = function (grunt) {
          ^ 'module' is not defined.
   geburtstag.js
      4 |    return 'Gunnar Wrobel hat heute Geburtstag. Kaufe ein ↵
Geschenk!'
              ^ Missing "use strict" statement.

>> 3 errors in 2 files
Warning: Task "jshint:files" failed. Use --force to continue.

Aborted due to warnings.
```

Es treten gleich mehrere Fehler auf, denn im letzten Kapitel wurde die
Konfiguration für JSHint über die Datei `.jshintrc` deutlich verschärft.

Selbst die neue Konfigurationsdatei ärgert JSHint gleich mit zwei Fehlern. Zum einen fehlt die Deklaration von `module`, zum anderen erzwingt
die Option `strict` in der JSHint-Konfiguration den Einsatz von `'use
strict'`; am Anfang einer Funktion (siehe Anhang A). Beide Probleme
lassen sich leicht am Anfang der Datei beheben:

```
/* global module */
module.exports = function (grunt) {
    'use strict';
    grunt.initConfig({
...
```

Auch in der Datei `geburtstag.js` fehlt die `'use strict';`-Anweisung:

```
/* global console */
var output = function () {
    'use strict';
    return 'Gunnar Wrobel hat heute Geburtstag. Kaufe ein Geschenk!';
};

console.log(output());
```

Schon sind Grunt und JSHint deutlich zufriedener:

```
$ grunt
Running "jshint:files" (jshint) task
>> 2 files lint free.

Done, without errors.
```

Grunt wird, wie oben gesehen, im Fehlerfall mit Aborted due to warnings abbrechen, keine weiteren Aufgaben durchführen und die fehlgeschlagene Aufgabe nennen (hier: jshint:files). Wer die Fehler ignorieren und fortfahren möchte, ruft grunt mit der Option --force auf. Auch innerhalb der Konfiguration der JSHint-Aufgabe akzeptiert das options-Objekt die Angabe force: true. In beiden Fällen ist die JSHint-Überprüfung dann aber nahezu wertlos.

Wer mit der Konfiguration der Grunt-Aufgaben Schwierigkeiten hat, ruft grunt mit dem Schalter --verbose auf. So liefert das Werkzeug genauere Informationen, wie es die Parameter verarbeitet:

```
$ grunt --verbose
Initializing
Command-line options: --verbose

Reading "Gruntfile.js" Gruntfile...OK

Registering Gruntfile tasks.
Initializing config...OK

Registering "grunt-contrib-jshint" local Npm module tasks.
Reading ./node_modules/grunt-contrib-jshint/package.json...OK
Parsing ./node_modules/grunt-contrib-jshint/package.json...OK
Loading "jshint.js" tasks...OK
+ jshint
Loading "Gruntfile.js" tasks...OK
+ default

No tasks specified, running default tasks.
Running tasks: default

Running "default" task

Running "jshint" task

Running "jshint:files" (jshint) task
Verifying property jshint.files exists in config...OK
Files: Gruntfile.js, geburtstag.js -> files
Options: force=false, reporterOutput=null, jshintrc=".jshintrc"
OK
>> 2 files lint free.

Done, without errors.
```

Zunächst werden die Kommandozeilenoptionen ausgegeben, danach das zu verarbeitende Gruntfile.js. Dann folgt die eigentliche Abarbeitung. Man sieht die Initialisierung der Konfiguration und das Nachladen des JSHint-Plugins. Dabei zeigt Grunt auch die Definition der jshint-Aufgabe. Im Anschluss definiert das Gruntfile.js die Aufgabe default, und schließlich geht es in die Verarbeitung der Schritte.

Da `grunt` keine weiteren Optionen mitgegeben wurden, wählt es automatisch die `default`-Aufgabe. Diese verweist auf die Aufgabe `jshint`, die wiederum eine einzelne Unteraufgabe besitzt: `jshint:files`. Bei deren Aufruf liefert `grunt` detaillierte Informationen zu den zu überprüfenden Dateien und den Optionen, mit denen die Überprüfung erfolgt. Abschließend sehen wir den Output, den `grunt` auch ohne den Schalter verbose geliefert hätte.

4.6 Grunt Watch

Viele JavaScript-IDEs lassen den JSHint Style-Checker schon bei jedem Tastenanschlag automatisiert mitlaufen. Das ist für das eigene Editieren auch zu empfehlen. Auch Grunt lässt sich in einen Modus versetzen, bei dem ausgewählte Ausgaben bei jeder Dateiänderung angestoßen werden. So kann Grunt bei jedem Speichern einer Code-Datei automatisiert JSHint und die Tests laufen lassen, damit der Entwickler sofort Feedback erhält, ob Änderungen möglicherweise etwas kaputt gemacht haben. Das lässt sich dann noch mit einem Benachrichtigungssystem verbinden, so dass diese Prozesse im Hintergrund laufen und nur im Fehlerfall Aufmerksamkeit erregen.

Das System ist trivial aufzusetzen: Die Datei `package.json` erhält zwei weitere Grunt-Plugins, die über ein `npm install` später verfügbar sind.

```
"devDependencies": {
    ...,
    "grunt-contrib-watch": "0.6.1",
    "grunt-notify": "0.4.1",
    ...
}
```

`grunt-contrib-watch` ist dafür zuständig, die Dateien des Projekts zu beobachten und bei Veränderungen entsprechende Aufgaben zu starten. `grunt-notify` sorgt für die betriebssystemabhängige Benachrichtigung.

`grunt-notify` benötigt keine weitere Konfiguration, jedoch muss `grunt-contrib-watch` wissen, welche Dateien überwacht werden und wie die Reaktion auf Veränderungen aussehen soll. Aus diesem Grunde bekommt `Gruntfile.js` einen weiteren Konfigurationsblock:

```
/* global module */
module.exports = function (grunt) {
    'use strict';

    grunt.initConfig({
        path: {
            lint: [
```

```
                    'Gruntfile.js',
                    'geburtstag.js'
                ]
            },
            jshint: {
                files: '<%= path.lint %>',
                options: {
                    jshintrc: true
                }
            },
            watch: {
                files: '<%= path.lint %>',
                tasks: ['jshint']
            }
        });

        grunt.loadNpmTasks('grunt-contrib-jshint');
        grunt.loadNpmTasks('grunt-contrib-watch');
        grunt.loadNpmTasks('grunt-notify');

        grunt.registerTask('default', 'jshint');
};
```

Für grunt-notify genügt die zusätzliche Zeile grunt.loadNpm-Tasks('grunt-notify'). Das watch-Plugin wird in der gleichen Form mit grunt.loadNpmTasks('grunt-contrib-watch') geladen.

Als Konfiguration dient der Unterpunkt watch; das darin angegebene Objekt hat zwei Attribute: files und tasks. Letzteres nennt die Aufgabe, die bei einer Änderung der unter files angegebenen Dateien durchgeführt wird – hier nur unsere bislang einzig verfügbare Aktion jshint. Unter tasks steht ein Array, was darauf hinweist, dass mehrere Aktionen aufeinander folgen können.

Die Angabe unter files ist neu, denn der Konfigurationswert <%= path.lint %> entspricht offensichtlich keiner realen Datei.

4.7 Grunt Templates

Dieser Eintrag verweist auf ein nützliches Feature von Grunt: Templates. Sie erlauben Platzhalter und die Wiederverwendung von Grunt-Konfigurationswerten an mehreren Stellen, was umständliche Wiederholungen vermeidet.

Konkret ging es im obigen Fall darum, die doppelte Angabe von ['Gruntfile.js', 'geburtstag.js'] zu vermeiden, denn sowohl die jshint- als auch die watch-Ausgabe arbeiten mit denselben Dateien. Um die Dateiliste nicht an zwei Orten vorzuhalten, haben wir zunächst den neuen Konfigurationsblock hinzugefügt:

```
path: {lint:['Gruntfile.js', 'geburtstag.js']}
```

Dabei gibt es allerdings keine neue Aufgabe path, die hier konfiguriert wurde. Es wird lediglich ein beliebiges Objekt als Konfigurationswert hinzugefügt. Achten Sie darauf, dass dieser Block nicht mit einer Grunt-Aufgabe überlappt, sonst würde Grunt den als generische Konfiguration intendierten Block als konkrete Konfiguration für diese Aufgabe ansehen.

Im vorliegenden Fall gibt es aber keine path-Aufgabe, und die Konfiguration steht für sich. Da sie Teil der Grunt-Konfiguration ist, lassen sich die enthaltenen Werte aber automatisch für die Auswertung eines Templates verwenden. So wird Grunt den Ausdruck <%= path.lint %> mit dem entsprechenden Array ['Gruntfile.js', 'geburtstag.js'] aus dem Konfigurationsobjekt path: {lint: ['Gruntfile.js', 'geburtstag.js']} ersetzen.

Die Syntax <%= ... %> steht für das Ersetzen durch einen anderen Wert. Konkret ist das Gleich-Zeichen = die ausschlaggebende Anweisung. Die spitzen Klammern mit dem Prozentzeichen (<% ... %>) sind ein Marker für ein Lo-Dash-Template. Lo-Dash ist eine JavaScript-Template-Bibliothek, die Grunt nutzt. Die Bibliothek erlaubt deutlich komplexere Ausdrücke als das oben gezeigte Ersetzen mit Variablen durch <%= ... %>. Aber es würde zu weit führen, die Lo-Dash-Syntax an dieser Stelle zu vertiefen.[1]

Wer mag, darf an dieser Stelle die Watch-Aufgabe mit grunt watch starten. Grunt beendet sich so nicht, sondern wartet auf Dateiänderungen. Wer ein Semikolon in der Datei Gruntfile.js oder geburtstag.js entfernt und die Datei speichert, sieht, wie der Befehl grunt die JSHint-Prüfung anstößt und eine Benachrichtigung auslöst, die je nach Betriebssystem an unterschiedlicher Stelle auf dem Bildschirm erscheint.

```
$ grunt watch
Running "watch" task
Waiting...
>> File "geburtstag.js" changed.
Running "jshint:files" (jshint) task

   geburtstag.js
     5 |}
         ^ Missing semicolon.

>> 1 error in 2 files
Warning: Task "jshint:files" failed. Use --force to continue.

Aborted due to warnings.
```

---

1   Wer für die Grunt-Konfiguration mehr als die Grundlagen benötigt, sei auf die Webseite https://lodash.com/ verwiesen.

```
Completed in 0.754s at Wed Jan 28 2015 08:24:35 GMT+0100 (CET) - ↵
Waiting...
```

Mit der Tastenkombination $\boxed{\text{Ctrl}}$ + $\boxed{\text{C}}$ beendet man den grunt watch Modus.

Damit ist der grundlegende Aufbau abgeschlossen, und wir können damit beginnen, sinnvollen Code zu schreiben.

Unit-Testing mit Mocha

Die Auswahl der Werkzeuge zur testgetriebenen Entwicklung (*Test-Driven Development*, TDD) ist bei JavaScript schier unendlich. Allerdings geht es uns hier um den Aufbau einer Testumgebung, die es erlaubt, die Unit-Tests sowohl unter Node.js als auch dem Browser laufen zu lassen (siehe Anhang C). Wer Testframeworks sucht, die parallel im Browser sowie unter Node.js funktionieren, wird nicht so leicht fündig. Im Grunde bleiben dann nur *Mocha* und *Jasmine* als ernstzunehmende Vertreter ihrer Zunft.

Dieses Kapitel widmet sich Mocha, da es etwas flexibler als Jasmine ist. So bringt Mocha – im Gegensatz zu Jasmine – keine Funktionen für Zusicherungen (*Assertions*) mit und auch kein Framework für Attrappen (*Mocks*). Für beides gibt es eine Vielzahl eigenständiger Pakete, die Mocha flexibel erweitern und im Vergleich zu Jasmine mehr Freiheit bieten, das Toolset an die eigenen Bedürfnisse anzupassen.

5.1 Installation von Mocha

Wie schon mehrfach ausgeführt, ist Mocha zunächst als Abhängigkeit zur Entwicklungszeit in die Datei package.json einzutragen – aber Mocha allein reicht nicht aus. Das Testen ist nur mit einer Bibliothek für Assertions sinnvoll. Also erhält package.json eine weitere Abhängigkeit zur Entwicklungszeit: *Chai* als Bibliothek für das eigentliche Testen mit Assertions.

Diese Einzelteile werden im Laufe des Kapitels detailliert erläutert.

```
"devDependencies": {
    ...,
    "chai": "1.10.0",
    "mocha": "2.1.0"
}
```

Nach einem npm install erlaubt unsere Entwicklungsumgebung nun auch TDD.

5.2 Die ersten Tests

Nun können wir unsere ersten Tests schreiben, die wir hier im Hinblick auf unsere kleine Anwendung für Geburtstagserinnerungen definieren.

Testgetriebene Entwicklung basiert auf einzelnen Unit-Tests, die kleine Code-Einheiten überprüfen. Eine sinnvolle Einheit wäre in unserem Fall eine Funktion, die prüft, ob an einem bestimmten Tag ein Geburtstag zu feiern ist. Diese Funktion nennen wir hasBirthday().

Angenommen, die hasBirthday()-Funktion befindet sich in einer Datei date.js und repräsentiert damit das Modul date (Datum); dann beschreiben die folgenden Tests dieses Modul und innerhalb dieses Moduls die Funktion hasBirthday():

```
/* global describe */
describe('date', function () {
    describe('hasBirthday', function () {
        ....
    });
});
```

Mocha liefert die Funktion describe(), damit der Code anzeigen kann, welche Einheit er beschreibt. Die Funktion erlaubt es, mehrere Tests als Suite zusammenzufassen – bei beliebiger Verschachtelungstiefe. Mocha-basierte Tests sind hierarchisch aufgebaut.

describe() nimmt als ersten Parameter einen String entgegen, der anzeigt, was durch die Tests der Suite beschrieben wird. Der zweite Para-

meter ist eine Funktion, die entweder weitere Ebenen von describe()
aufnimmt oder die Tests enthält. In einer Datei ist mindestens eine Ebene von describe() erforderlich, um eine funktionierende Testsuite zu
erzeugen.

Nun fehlen noch die Tests:

```
/* global describe, it */
describe('date', function () {
    describe('hasBirthday', function () {
        it('returns true if the current day and month match the given ↵
birthday', function () {
            ...
        });
    });
});
```

Die Kernfunktion, die Mocha für Tests liefert, ist it(). it() hat ähnliche
Parameter wie describe(). Der erste Parameter ist wieder ein String,
der den Test explizit beschreibt. In unserem Fall ist es die Erwartung,
dass die Funktion hasBirthday true zurückgibt, wenn der aktuelle Tag
und Monat dem Geburtstag entsprechen. Als zweiten Parameter erhält
it() die eigentliche Testfunktion.

Die erste Zeile im obigen Skript informiert JSHint, dass describe und it
als globale Variablen verfügbar sind. Lässt der Entwickler Mocha im
Browser laufen, ist das zu erwarten, wenn Mocha initial als Skript in den
globalen Kontext geladen wurde. Unter Node.js sind globale Variablen
eher ungewöhnlich. Mocha kümmert sich jedoch explizit darum, die
Funktionen für die Definition von Test-Suiten in den globalen Kontext
zu schieben und sie damit in jedem Test-Skript automatisch zur Verfügung zu stellen.

Wie muss nun die Testfunktion aussehen, um der Testbeschreibung zu
genügen? Weiter oben gingen wir davon aus, dass es ein Modul date
gibt, das die Funktion hasBirthday liefert. Der Aufruf der Funktion
erfolgt also mit date.hasBirthday(...). Die Funktion vergleicht das
aktuelle Datum mit einem gegebenen Geburtstag. Das aktuelle Datum
wird Node.js innerhalb der Funktion selbst ermitteln. Als einzelnen Parameter benötigt die Funktion daher den Geburtstag: date.hasBirth-
day(birthday).

Der Rückgabewert der Funktion soll laut Testbeschreibung true sein,
wenn Tag und Monat mit dem Geburtstag übereinstimmen. Für diese
Überprüfung liefert Mocha keine Funktion. Aber wir haben weiter oben
zusammen mit Mocha auch Chai installiert, und das liefert gleich eine
ganze Reihe von Methoden, um Annahmen zu testen.

Da wäre z.B. das einfache `assert()`. Die Funktion testet den übergebenen Parameter darauf, ob er `true` ist – für den obigen Test wäre das also genau passend. `assert` bietet weitere Hilfsmethoden. So erlaubt

```
assert.equal(date.hasBirthday(birthday), true, 'date.hasBirthday returned ↵
true')
```

das Testen auf Gleichheit. Die ersten beiden Parameter sind diejenigen, die auf Gleichheit geprüft werden – hier also `date.hasBirthday(birthday)` und `true`. Für diese Prüfung bietet sich aber natürlich eher der direkte Einsatz von `assert` an. Der dritte Parameter der Funktion `assert.equal()` ist ein beschreibender Text, der beim Fehlschlagen der Annahme ausgegeben wird und helfen kann, den genauen Fehler zu identifizieren.

Die Prüfung mit `assert` ist einer der „Stile", die Chai anbietet. Alternativ wartet das Paket mit zwei anderen Varianten auf, die in der Dokumentation als „behaviour driven development (BDD) style" bezeichnet werden. BDD versteht man als Variante der testgetriebenen Entwicklung, die Tests auf Basis der fachlichen Anforderungen an die Software aufsetzt. Diese Art von Tests sind eher Systemtests und meist weit entfernt von Unit-Tests. Das muss uns aber hier nicht interessieren, denn der spezifische, von Chai angebotene BDD-Dialekt lässt sich problemlos innerhalb von Unit-Tests verwenden.

Chai bietet zwei BDD-Varianten: `expect` und `should`. Den oben beschriebenen Test würden wir mit der `expect`-Variante so schreiben:

```
expect(date.hasBirthday(birthday)).to.be.ok
```

`.to.be.ok` ist nichts anderes als die Prüfung, ob der als Parameter von `expect` verwendete Wert `true` ist. Mit `should` gestaltet sich die Prüfung so:

```
date.hasBirthday(birthday).should.be.ok
```

Das sieht etwas einfacher aus. Der `should`-Stil erfordert allerdings, dass Chai den Prototypen des JavaScript-Basis-Objekts modifiziert. Das funktioniert im älteren Internet Explorer nicht problemlos, und das Herumspielen mit den Basiselementen der Sprache wird in JavaScript nicht gern gesehen, auch wenn es hier nur den Test-Code betrifft.

Das Angebot, die Tests nach persönlichem Geschmack in einer von drei Stilrichtungen zu schreiben, ist der Grund, dass dieses Kapitel Chai und keine Alternative beschreibt. Außerdem gibt es für Chai noch eine Reihe guter Plugins für die Syntax-Erweiterung, die in bestimmten Situationen Test-Code deutlich vereinfachen.

Die folgenden Tests nutzen den `expect`-Stil, weil es für diese Syntax alternativ auch die Bibliothek `expect.js` gibt. Sie funktioniert im Gegensatz zu Chai auch im Internet Eplorer 6. Das mag zwar etwas weit in die Vergangenheit gedacht sein, aber Chai erfordert den Internet Explorer 9, und da der IE8 noch weit verbreitet ist, kann es durchaus Situationen geben, in denen expect.js Chai vorzuziehen ist. Die expect-Syntax ist bei beiden Paketen sehr ähnlich.

Mit der expect-Syntax lautet der erste Test also, wie oben angegeben:

```
expect(date.hasBirthday(birthday)).to.be.ok
```

Es fehlt aber noch der Parameter birthday. Damit hasBirthday(birthday) true liefert, sollten Tag und Monat des aktuellen Tages mit Tag und Monat des Geburtstags übereinstimmen. Der aktuelle Tag, der innerhalb der Funktion hasBirthday() verwendet werden muss, kann aus Sicht des Tests nicht beeinflusst werden. Damit ist nur der birthday-Parameter so zu adaptieren, dass Tag und Monat dem aktuellen Datum entsprechen.

Als Format des Geburtstags soll der JavaScript-Code ein Date-Objekt verwenden. Das aktuelle Datum erhalten Sie über var birthday = new Date();. Instanziiert der Code die JavaScript-Klasse Date ohne weitere Parameter, wird das resultierende Objekt das aktuelle Datum enthalten. Außerdem bietet es eine API, über die mit dem Datum interagiert werden kann. Da der Tag der Geburt aber nicht gerade heute sein soll, sondern bei den meisten Menschen einige Jahre oder Jahrzehnte zurückliegt, wird der Test die Jahreszahl über die Funktion setFullYear() aus der Date-API anpassen.

Damit lässt sich der erste Test formulieren und sieht folgendermaßen aus:

```
/* global describe, it */
/* jshint expr: true */

var expect = require('chai').expect;

describe('date', function () {
    describe('hasBirthday', function () {
        it('returns true if the current day and month match the given ↵
birthday', function () {
            var birthday = new Date();
            birthday.setFullYear(1974);
            expect(date.hasBirthday(birthday)).to.be.ok;
        });
    });
});
```

Die erste Code-Zeile macht die expect-Syntax von Chai (require('chai').expect) verfügbar, indem sie expect ganz explizit vom importierten Chai herauslöst und der lokalen Variablen expect zuweist.

Im eigentlichen Test wird dann das aktuelle Datum der Variablen `birthday` mit `var birthday = new Date()` zugewiesen. Dieses Datum wird nachfolgend mit `birthday.setFullYear(1974)` so manipuliert, dass die Geburt im Jahr 1974 liegt. Und letztlich folgt der eigentliche Test mit `expect(date.hasBirthday(birthday)).to.be.ok`.

Über den eigentlichen Test hinaus ist eine weitere JSHint-Direktive hinzugekommen. JSHint würde sich im Normalfall mit der Fehlermeldung `W030: Expected an assignment or function call and instead saw an expression.` über die Zeile `expect(date.hasBirthday(birthday)).to.be.ok;` beschweren. Nicht ganz zu Unrecht, denn die Zeile wirkt wie ein einfacher Zugriff auf ein Attribut eines Objekts, ohne dass damit irgendetwas geschieht. JSHint würde erwarten, dass `.to.be.ok` entweder ein Funktionsaufruf (Function Call) der Art `.to.be.ok()` ist oder dass das Attribut einer Variablen zugewiesen (Assignment) wird. Chai versteckt natürlich hinter dem vermeintlichen Attribut-Zugriff einen Funktionsaufruf. Von daher schaltet der Code JSHint im Bereich der Test-Suite in einen weniger strikten Modus.

Im Projekt liegt die oben dargestellte Test-Datei unter `test/unit/date.js`. Der Unterordner `unit` soll andeuten, dass es sich um kleinteilige Unit-Tests handelt. Er ist natürlich nicht zwingend und dient hier der Trennung von den Browser-Tests, die in späteren Kapiteln behandelt werden.

An dieser Stelle ist der Code dann auch so weit, dass er das erste Mal durch Mocha laufen kann. Leider fehlt noch ein wenig Setup und natürlich der eigentliche Code. Deshalb stolpert Mocha noch:

```
$ ./node_modules/.bin/mocha test/unit/date.js

  date
    hasBirthday
      1) returns true if the current day and month match the given ↵
birthday

  0 passing (8ms)
  1 failing

  1) date hasBirthday returns true if the current day and month match the ↵
given birthday:
     ReferenceError: date is not defined
     ...
```

Aber zumindest zeigt die Ausgabe, dass Mocha etwas tut. Den Testfall hat Mocha offensichtlich korrekt erkannt, denn die Ausgabe informiert über einen fehlschlagenden Test (`1 failing`). Da durch den Code bisher nur ein Test definiert ist und dieser fehlschlägt, ist auch nicht weiter verwunderlich, dass in der Ausgabe kein Test als erfolgreich gelaufen vermerkt ist (0 passing). Mocha informiert des weiteren darüber, wie lange die gesamte Testsuite gelaufen ist ((8ms)), und liefert abschließend eine Liste der konkreten Probleme bei den fehlgeschlagenen Tests. Aus der oben gezeigten Ausgabe wurde der Stack-Trace des angezeigten Refe- renceError entfernt, da er uns hier nicht weiter interessiert.

Im ersten Lauf ist es zu einem Fehler gekommen, weil date nicht defi- niert wurde und damit date.hasBirthday einen Zugriffsfehler erzeugt – kein Wunder, denn das Modul date ist ja noch gar nicht geschrieben. Angenommen, unter lib/date.js liegt folgender Code:

```
/* global module */

module.exports = {
    hasBirthday: function (birthday) {
        'use strict';
    }
};
```

Der eigentliche Code beginnt mit dem unter Abschnitt 4.3 beschriebenen CommonJS-Setup. Über module.exports legt der Code den nach außen exportierten Inhalt des Moduls fest. Der ist in diesem Fall ein einzelnes Objekt, das die Bibliothek darstellt und aktuell nur die – noch leere – Funktion hasBirthday anbietet.

Damit kann die Testsuite das date-Modul mit Hilfe von require() laden:

```
/* global describe, it, require */
/* jshint expr: true */

var expect = require('chai').expect;
var date = require('../../lib/date');

describe('date', function () {
    'use strict';

    describe('hasBirthday', function () {
        it('returns true if the current day and month match the given ↵
birthday', function () {
            var birthday = new Date();
            birthday.setFullYear(1974);
            expect(date.hasBirthday(birthday)).to.be.ok;
        });
    });
});
```

Mit dem oben gezeigten Code hat sich die Situation deutlich verbessert:

```
$ ./node_modules/.bin/mocha test/unit/date.js

  date
```

```
    hasBirthday
      1) returns true if the current day and month match the given ↵
birthday


  0 passing (10ms)
  1 failing


  1) date hasBirthday returns true if the current day and month match the ↵
given birthday:
      AssertionError: expected undefined to be truthy
```

Der Test schlägt zwar immer noch fehl, aber er läuft jetzt ohne harten Fehler. Nicht erfüllt ist lediglich die ursprüngliche Annahme, dass has-Birthday() im Test true zurückgeben würde. Ohne die entsprechende Implementierung ist das kaum verwunderlich.

Um den Test zu erfüllen, sollte der Code also anfangen, Tag und Monat des Geburtstages mit den Werten des aktuellen Tages zu vergleichen:

```
/* global module */

module.exports = {
    hasBirthday: function (birthday) {
        'use strict';
        var current = new Date();
        return current.getDate() === birthday.getDate() &&
                current.getMonth() === birthday.getMonth();
    }
};
```

Die Funktion erzeugt sich unter current ein aktuelles Datum und vergleicht den Tag dieses Datums (getDate()) mit dem Tag des als Parameter übergebenen Geburtstages. Das Ergebnis wird via && mit dem Vergleich des Monats beider Daten (getMonth()) verknüpft. Ergeben beide Vergleiche true, wird auch true zurückgegeben.

Dann läuft der Test auch das erste Mal durch:

```
$ ./node_modules/.bin/mocha test/unit/date.js

  date
    hasBirthday
      ✓ returns true if the current day and month match the given birthday


  1 passing (7ms)
```

Damit ist der Grundstein der testgetriebenen Entwicklung gelegt.

Der eine Test wäre allerdings auch mit der Implementierung hasBirthday: function () {return true;} geglückt. Die Test-Suite sollte aber auch einen Negativtest enthalten, um die triviale Lösung zu vermeiden:

```
    describe('hasBirthday', function () {
        it('returns true if the current day and month match the given ↵
```

```
birthday', function () {
        var birthday = new Date();
        birthday.setFullYear(1974);
        expect(date.hasBirthday(birthday)).to.be.ok;
    });

    it('returns false if the current day and month do not match the ↵
given birthday', function () {
        var birthday = new Date();
        birthday.setDate(birthday.getDate() + 1);
        birthday.setFullYear(1974);
        expect(date.hasBirthday(birthday)).to.be.not.ok;
    });
  });
});
```

Im zweiten Test wird vor der Überprüfung durch `date.hasBirthday()`
mit dem Aufruf `birthday.setDate(birthday.getDate() + 1);` immer
ein Tag zum aktuellen Datum addiert. Damit sollte die Funktion `has-`
`Birthday()` mit `false` antworten. Nun hat die Testsuite zwei Tests, die
erfolgreich durchlaufen:

```
$ ./node_modules/.bin/mocha test/unit/date.js

  date
    hasBirthday
      ✓ returns true if the current day and month match the given birthday
      ✓ returns false if the current day and month do not match the given ↵
birthday

  2 passing (8ms)
```

5.3 Mocha Varianten bei der Test-Suite-Definition

Wer die Testdefinition mit `describe` und `it` nicht mag, der kann Mocha
mit der Option `--interfaces` nach alternativen Funktionen befragen:

```
$ ./node_modules/.bin/mocha --interfaces

    bdd
    tdd
    qunit
    exports
```

Wie oben erwähnt, entsprechen `define` und `it` dem BDD-Stil. Wenn Sie
den TDD-Stil bevorzugen, weisen Sie Mocha mit der Option `--ui tdd`
entsprechend an.

Damit wird `define` durch `suite`, `it` durch `test` und `before` bzw. `after`
durch `setup` sowie `teardown` ersetzt. Auch wenn diese Variation möglich

ist: In den wenigsten Test-Suiten wird etwas anderes als define und it verwendet.

5.4 Mocha beeinflussen

Mocha akzeptiert noch eine Reihe weiterer Optionen, mit denen der Aufrufer das Verhalten des Werkzeugs beeinflusst.

Ähnlich wie JSHint erlaubt Mocha alternative Ausgabeformate. In der Standardeinstellung verwendet Mocha den spec-Reporter. Mit der Option --reporters lassen sich Alternativen auflisten:

```
$ ./node_modules/.bin/mocha --reporters

    dot - dot matrix
    doc - html documentation
    spec - hierarchical spec list
    json - single json object
    progress - progress bar
    list - spec-style listing
    tap - test-anything-protocol
    landing - unicode landing strip
    xunit - xunit reporter
    html-cov - HTML test coverage
    json-cov - JSON test coverage
    min - minimal reporter (great with --watch)
    json-stream - newline delimited json events
    markdown - markdown documentation (github flavour)
    nyan - nyan cat!
```

Etwas weniger gesprächig ist z.B. der dot-Reporter, den man über die Option reporter wählt:

```
$ ./node_modules/.bin/mocha --reporter=dot test/unit/date.js

    ..

    2 passing (7ms)
```

Hier ist aber weniger deutlich zu sehen, welche Tests laufen und die Test-Hierarchie ist nicht erkennbar.

Standardmäßig wählt Mocha den übersichtlicheren spec-Reporter. Wer jedoch eine andere Variante bevorzugt, kann die Datei test/mocha.opts modifizieren, um die entsprechende Option nicht jedes Mal übergeben zu müssen. Die Datei wird beim Start von Mocha eingelesen und als Ergänzung der auf der Kommandozeile angegebenen Optionen verwendet. Dabei überschreiben Kommandozeilenparameter die Werte aus test/mocha.opts.

Hier eine Beispieldatei für `test/mocha.opts`, die als Standard-Reporter dot wählt und die Farben abschaltet:

```
--reporter=dot
--no-colors
```

Der Pfad der Datei `test/mocha.opts` lässt sich über die Option `--opts` anpassen. Wenn Sie den Standardpfad verwenden möchten, kommen Sie kaum umhin, Ihre Tests auch unter dem Verzeichnis `test` abzulegen. Wobei dieser Standard ja auch durchaus sinnvoll ist.

In `test/mocha.opts` könnte man auch die Test-Dateien als Argument auflisten. Leider lässt sich diese Angabe dann nicht von der Kommandozeile aus überschreiben. Damit werden die Dateien, die in `test/mocha.opts` angegeben sind, immer in den Test mit einbezogen. Aus diesem Grunde ist dieses Vorgehen nicht zu empfehlen.

Auf der anderen Seite wäre es auch umständlich, bei jedem Lauf jede einzelne Datei mit Testfällen auf der Kommandozeile anzugeben. Mocha akzeptiert aber auch den Aufruf mit Platzhaltern:

```
$ ./node_modules/.bin/mocha test/unit/*

  date
    hasBirthday
      ✓ returns true if the current day and month match the given birthday
      ✓ returns false if the current day and month do not match the given ↵
birthday

  2 passing (9ms)
```

Oder alternativ mit doppeltem Sternchen eine Ebene darüber:

```
$ ./node_modules/.bin/mocha test/**

  date
    hasBirthday
      ✓ returns true if the current day and month match the given birthday
      ✓ returns false if the current day and month do not match the given ↵
birthday

  2 passing (9ms)
```

Das Kommando schlägt leider fehl, wenn man die Datei `test/mocha.opts` angelegt hat. `test/**` schließt diese Datei ein, und Mocha fällt auf die Nase, wenn es versucht, die Datei als Test-Suite zu interpretieren. Wer seine Test-Skripte über die Angabe `test/**` laufen lassen möchte und gleichzeitig die Optionsdatei `mocha.opts` verwendet, muss die Datei auf die oberste Ebene des Projekts verschieben und Mocha mit der Option `--opts mocha.opts` starten.

5.5 Mocha via Grunt

Letztlich ist der manuelle Aufruf von Mocha aber mühsam. Außerdem ist das erfolgreiche Durchlaufen der Tests natürlich eine Aufgabe, die ähnlich wie JSHint laufen sollte, bevor der Code das Gütesiegel „produktionsreif" bekommt. Entsprechend sollte auch dieser Schritt automatisiert innerhalb von Grunt mitlaufen.

Dazu benötigen wir wieder ein entsprechendes Grunt-Plugin, und zwar grunt-mocha-test. Die zusätzliche Abhängigkeit wird wieder ausschließlich zur Entwicklungszeit und damit unter devDependencies in die Datei package.json eingetragen:

```
"devDependencies": {
    ...,
    "grunt-mocha-test": "0.12.7",
    ...
}
```

Nach einem npm install sollte das Paket unter dem Verzeichnis node_modules liegen.

Die Konfiguration in Grunt verläuft nach dem üblichen Schema: Laden des Plugins, Festlegen der Konfiguration und Einbinden in die default-Aufgabe:

```
/* global module */
module.exports = function (grunt) {
    'use strict';

    grunt.initConfig({
        path: {
            src: [
                'lib/date.js'
            ],
            test: [
                'test/unit/date.js'
            ],
            lint: [
                'Gruntfile.js',
                '<%= path.src %>',
                '<%= path.test %>'
            ]
        },
        jshint: {
            files: '<%= path.lint %>',
            options: {
                jshintrc: true
            }
        },
        mochaTest: {
            test: {
```

```
                src: '<%= path.test %>'
            }
        },
        watch: {
            files: '<%= path.lint %>',
            tasks: ['jshint', 'mochaTest:test']
        }
    });

    grunt.loadNpmTasks('grunt-contrib-jshint');
    grunt.loadNpmTasks('grunt-contrib-watch');
    grunt.loadNpmTasks('grunt-mocha-test');
    grunt.loadNpmTasks('grunt-notify');

    grunt.registerTask('default', ['jshint', 'mochaTest:test']);
};
```

grunt.loadNpmTasks('grunt-mocha-test'); erledigt das Laden des Mocha-Plugins. mochaTest ist der Name des Konfigurationsobjekts, den das Plugin für die Testdefinition erwartet. mochaTest ist wieder eine Multi-Aufgabe, die mehrere Unteraufgaben vorsieht. Das obige Beispiel beschränkt sich aber initial auf einen spezifischen Testlauf mit dem Namen test.

Dabei wird der Aufgabe als src-Parameter die Sammlung der Test-Suiten übergeben (<%= path.test %>). Diese liegt wieder als Konfiguration innerhalb des path-Blocks, der jetzt etwas aufwendiger konstruiert ist, als noch zum Grunt-Einstieg mit JSHint im vorangegangenen Kapitel. So gibt es jetzt ein Segment src, das die Quelldateien auflistet. Dort findet sich bisher nur lib/date.js. Das zweite Segment listet unter test die Dateien, die Test-Suiten enthalten. Auch hier findet sich aktuell nur eine Test-Suite. Das nachfolgende lint-Segment aggregiert sowohl Quell- als auch Test-Dateien und fügt das Gruntfile.js selbst hinzu. Damit enthält die lint-Liste alle JavaScript-Elemente, die per JSHint überprüft werden sollten. Der path-Block ist jetzt zwar komplexer, zeigt aber auch, wie es sich vermeiden lässt, die Dateipfade mehrfach anzugeben. Müsste man dieselben Dateipfade an mehreren Stellen eintragen, wäre das redundant und fehleranfällig.

Die test-Aufgabe innerhalb von mochaTest wird alle im src-Parameter angegebenen Test-Suiten durchlaufen. Die Belegung dieses Parameters wird nach Bedarf im path-Block über den test-Eintrag erweitert, wenn neue Test-Suiten hinzukommen.

Die genaue Bezeichnung der mochaTest-Unteraufgabe (mochaTest:test) ist in der Konfiguration dann der default-Aufgabe und der watch-Aufgabe hinzugefügt. Damit läuft die Test-Suite automatisch mit, wenn grunt oder grunt watch aufgerufen werden.

5.6 JSHint für den Test-Code

Weiter oben benötigte die Test-Suite eine ganze Reihe JSHint-spezifischer Angaben, damit der Style-Check keine Fehler wirft. Sobald Sie mehr als eine Test-Suite angelegt haben, wird das aber umständlich, da sich die Präambel in jeder einzelnen Datei wiederholt.

Das ist einfacher mit der Datei test/.jshintrc zu lösen. JSHint sucht in jedem Verzeichnis nach der Datei .jshintrc. Weiter unten liegende Konfigurationsdateien überschreiben die Direktiven der weiter oben liegenden JSHint-Konfigurationsdateien. Die Datei .jshintrc im Basis-Verzeichnis des Projekts liefert also die Grundkonfiguration, während test/.jshintrc die spezifischen Einstellungen für die Test-Suite festlegt und dafür die Werte der Basiskonfiguration überschreibt.

Angesichts der weiter oben dargestellten JSHint-Einstellungen sollte die Test-Suite-spezifische Konfiguration in der Datei test/.jshintrc folgendermaßen aussehen:

```
{
    // Relaxing options

    // Tests may use expressions
    "expr":      true,

    "globals": {
        "__dirname": true,
        "after": true,
        "afterEach": true,
        "before": true,
        "beforeEach": true,
        "it": true,
        "describe": true,
        "require": true
    }
}
```

Damit können Sie die JSHint-spezifischen Direktiven aus der Test-Suite wieder entfernen, und der Aufruf von Grunt sollte jetzt durch JSHint und Mocha gleichzeitig laufen:

```
$ grunt
Running "jshint:files" (jshint) task
>> 3 files lint free.

Running "mochaTest:test" (mochaTest) task


  date
    hasBirthday
      ✓ returns true if the current day and month match the given birthday
      ✓ returns false if the current day and month do not match the given ↵
```

```
birthday

  2 passing (42ms)

Done, without errors.
```

Spione und Attrappen

Unser Code kann für ein einzelnes Datum prüfen, ob eine Person Geburtstag hat. Im nächsten Schritt soll er über eine Liste iterieren und die Geburtstagskinder zurückgeben. Als Datenstruktur bietet sich eine einfache JSON-Liste an, bei der jedes Element ein Objekt mit den Attributen name und birthday ist:

```
[
    {
        'name' : 'John Doe',
        'birthday': '19741212'
    },
    {
        'name' : 'Hans Mustermann',
        'birthday': '19700101'
    },
    ...
]
```

Als Datumsformat des Geburtstages nutzen wir das Format YYYYMMDD, also vier Stellen für das Jahr (YYYY), zwei für den Monat (MM) und zwei für den Tag (DD).

Als Resultat soll der Code ein Array mit den Namen jener Personen liefern, die heute Geburtstag haben.

6.1 Ein erster Test für das neue Modul

Die neue Funktionalität passt nicht wirklich in das date.js-Modul, und damit wird es Zeit für ein zweites Modul, das sich ausschließlich mit der Geburtstagsliste beschäftigt. Das neue Modul erhält den Namen list.js. Vor dem Code entsteht aber natürlich die Test-Suite unter test/unit/ list.js. Startpunkt ist wieder ein erster Test:

```
var expect = require('chai').expect;

var list = require('../../lib/list');

describe('list', function () {
    describe('birthdays', function () {
        it('returns an array with one name when given a list of two ↵
persons, one having birthday today', function () {
            var birthdayList = [
                {name: 'John Doe', birthday: '19741212'},
                {name: 'Hans Mustermann', birthday: '19700101'}
            ];
            expect(list.birthdays(birthdayList).length).to.equal(1);
        });
    });
});
```

Diesmal ist der einleitende Code schon vorgegeben. Wieder wird Chai geladen und danach der zu testende Code. Die neue Test-Suite kümmert sich um das Modul list (describe('list', ...)), das offensichtlich eine noch nicht geschriebene Funktion birthdays (describe('birthdays',...) anbietet.

Der erste Test nimmt eine Liste von zwei Personen an, von denen eine heute Geburtstag haben soll. Diese Liste wird der Funktion list.birthdays() übergeben. Der Test erwartet, dass die Funktion die Personen zurückliefert, die heute ihren Geburtstag feiern können, und validiert, dass die erhaltene Liste nur einen einzelnen Eintrag enthält.

Sobald die Datei lib/list.js eine rudimentäre Implementierung liefert, kann der Test laufen. Hier eine erste Version von lib/list.js ohne reale Implementierung:

```
/* global module */

module.exports = {
    birthdays: function (birthdayList) {
        'use strict';
        return birthdayList;
    }
};
```

Die Grundstruktur ist die gleiche wie beim date-Modul: Das Modul wird über das CommonJS-spezifische module.exports definiert und nach außen exportiert. Wieder ist der Export ein Objekt mit einzelnen, benannten Funktionen. Die Implementierung ist noch naiv, denn bisher ist nur birthdays() definiert, und diese Funktion gibt die Geburtstagsliste schlicht ungefiltert zurück.

Damit der nächste Testlauf die neuen Dateien berücksichtigt, müssen diese im Gruntfile.js aufgeführt sein:

```
path: {
    src: [
        'lib/date.js',
        'lib/list.js'
    ],
    test: [
        'test/unit/date.js',
        'test/unit/list.js'
    ],
...
```

Da die Implementierung noch fehlt, scheitert der Test:

```
$ grunt mochaTest
Running "mochaTest:test" (mochaTest) task

  date
    hasBirthday
      ✓ returns true if the current day and month match the given birthday
      ✓ returns false if the current day and month do not match the given ↵
birthday

  list
    birthdays
      1) returns an array with one name when given a list of two persons, ↵
one having birthday today

  2 passing (10ms)
  1 failing

  1) list birthdays returns an array with one name when given a list of ↵
two persons, one having birthday today:

      AssertionError: expected 2 to equal 1
      + expected - actual
```

```
    +1
    -2

    at Context.<anonymous> (test/unit/list.js:12:60)
...
Warning: Task "mochaTest:test" failed. Use --force to continue.

Aborted due to warnings.
```

Die date-Test-Suite läuft noch einwandfrei, aber der neue Test fällt auf die Nase, da die Rückgabe zwei Elemente enthält, wo nur eines erwartet wird.

Was müsste der Code in `lib/list.js` tun? Er muss durch die Liste iterieren, den Geburtstag auslesen, überprüfen, ob eine Person heute Geburtstag hat, und die Liste jener Namen, die heute Geburtstag haben, zurückgeben.

Der spannende Teil ist die Prüfung, ob eine Person Geburtstag hat. Im vorigen Kapitel wurde die Funktion `hasBirthday()` bereitgestellt. Sie sollte sich hier als nützlich erweisen. Folgender Code könnte die gestellte Aufgabe erledigen:

```
/* global require, module */

var date = require('./date');

module.exports = {
    birthdays: function (birthdayList) {
        'use strict';

        var result = [],
            persons = birthdayList.length,
            person;
        for (var index = 0; index < persons; index += 1) {
            person = birthdayList[index];
            if (date.hasBirthday(person.birthday)) {
                result.push(person.name);
            }
        }
        return result;
    }
};
```

Der Inhalt der `birthdays`-Funktion hat sich im Vergleich zu der naiven Implementierung deutlich geändert. `birthdays()` iteriert jetzt durch die Liste an Geburtstagen und überprüft den Geburtstag jeder Person (`person.birthday`) mit `date.hasBirthday(person.birthday)`. Dafür muss date natürlich verfügbar sein und wird initial mit `var date = require('./date')` als date lokal verfügbar gemacht. Sollte eine Person heute

Geburtstag haben, wird der Name mit `push()` zur Ergebnisliste `result` hinzugefügt.

Der obige Code sieht hoffentlich erst einmal plausibel aus. Dennoch hat der Test noch ein Problem:

```
$ grunt mochaTest
Running "mochaTest:test" (mochaTest) task

...
 1 failing

  1) list birthdays returns an array with one name when given a list of ↵
two persons, one having birthday today:
     TypeError: Object 19741212 has no method 'getDate'
      at Object.module.exports.hasBirthday (lib/date.js:7:47)
...
```

Ganz offensichtlich stimmt das Format des an `date.hasBirthday()` übergebenen Parameters nicht. Die Funktion akzeptiert einen einzelnen Parameter als Input. Aber beim Stand des Codes im letzten Kapitel musste dieser ein Date-Objekt sein. Weiter oben hat die Liste der Geburtstage jedoch einen String als `birthday`-Attribut. So wird ein String als Argument an `hasBirthday()` übergeben. Dieser String bietet keine Funktion `getDate()` an, was letztlich zu dem oben gezeigten Fehler führt. Um diesen Fehler zu vermeiden, ist zuvor eine Konvertierung des Strings in ein Date-Objekt erforderlich.

Nun gibt es zwei Möglichkeiten der Problemlösung: Die Offensichtlichere wäre ein Code-Segment, das Strings in Date-Objekte umschreibt. Das wäre aber nur die halbe Miete, denn der obige Test mit fixen Geburtstagen am 19741212 und 19700101 wird nur an zwei Tagen im Jahr funktionieren: am 1. Januar und am 12. Dezember. Also müsste der Test beide Daten so variabilisieren, dass jeweils nur eine der Test-Personen am heutigen Tag Geburtstag hat.

Die weniger offensichtliche Variante wäre ein Test, der sich auf das Listen-Modul konzentriert und die Interaktion mit dem Datum-Modul erst einmal ausblendet. Das hätte den Vorteil, dass für diesen Test weder das falsche Eingabeformat für die `hasBirthday()`-Funktion noch der aktuelle Tag eine Rolle spielen. Vor allem zeigt dieser Lösungsweg eine generelle Möglichkeit, mit Modulen umzugehen, die schwierig zu testen sind. Das mag für das `list`-Modul nicht unbedingt zutreffen, denn die Geburtstage der Testpersonen zu variabilisieren ist kein Hexenwerk und der Test somit möglich.

Problematischer wird das Ganze aber, sobald ein mitgetestetes Modul HTTP-Anfragen über das Netzwerk abschickt bzw. auf eine Datenbank oder das Dateisystem zugreift. Das sind Interaktionen, die schnell von externen Parametern wie einer funktionierenden Netzwerkverbindung abhängen. Die Netzwerkverbindung möchte jedoch kein Entwickler im Unit-Test überprüfen. In einem solchen Fall bleibt häufig nichts anderes übrig, als das Ausklammern des fraglichen Moduls. Im Folgenden soll es darum um die Techniken gehen, die das Ersetzen einzelner Module innerhalb eines Tests erlauben.

Hier erweist sich die autarke Entwicklung des list-Moduls unter Zuhilfenahme sehr kleinteiliger Unit-Tests als nützlich.

6.2   Ein Modul im Test ersetzen

Für autarke Tests müssen die Unit-Tests die Interaktion mit dem date-Modul erst einmal ausblenden. Um das zu erreichen, muss die Test-Suite die Abhängigkeit irgendwie ersetzen und unter Kontrolle bringen.

Das ist aber mit den derzeitigen Bordmitteln nicht ganz so einfach. Auf die Funktionalität von require() haben wir leider keinen Einfluss. Es wird immer das date-Modul geladen und es kann nicht durch ein simuliertes Objekt ersetzt werden, was aber für einen Unit-Test notwendig wäre.

Diese Möglichkeit besteht nur, wenn der Code über andere Mechanismen geladen wird. Eine solche Alternative bietet das Paket rewire. Es gäbe Alternativen zu dieser Lösung, aber rewire hat den großen Vorteil, dass es auch nach dem Umschreiben für den Browser mit webpack funktionieren kann (siehe Abschnitt C.3). Außerdem ist es ein sehr kleines Paket, das sich voll auf seine Aufgabe konzentriert, ein Modul zu ersetzen.

rewire orientiert sich mit seinem Namen aus gutem Grund an der Funktion require: Die zur Verfügung gestellte Funktion rewire hat erst einmal keine andere Aufgabe als require. rewire lädt also ebenfalls ein Modul als Abhängigkeit nach und agiert dabei in gleicher Weise wie require.

Natürlich steckt noch etwas mehr Magie dahinter: rewire integriert sich so in den normalen Ladeprozess von Node.js, dass ein wenig Zusatzfunktionalität ergänzt wird, und zwar eine Funktion __get__ mit der dazu passenden Funktion __set__. Beide werden dem zu ladenden Modul hinzugefügt und erlauben Zugriff auf die im äußersten Scope des Moduls deklarierten Variablen.

Damit ist folgende Konstruktion möglich:

```
var rewire = require('rewire');
var list = rewire('./list');
list.__set__('date', { hasBirthday: function (date) { ... } });
```

Erst wird das oben entwickelte list-Modul via rewire() geladen. list wird im Kern unverändert zurückgegeben, besitzt aber die zusätzlichen Funktionen __set__ und __get__. Das list-Modul lädt date, wie bereits oben gezeigt, folgendermaßen:

```
var date = require('./date');

module.exports = {
  ...
```

Innerhalb des list-Moduls ist date im äußeren Scope definiert. Damit erlaubt __set__ Zugriff auf diese Variable. Genutzt wird dies im obigen Beispiel mit

```
list.__set__('date', { hasBirthday: function (date) { ... } });
```

Damit wird der eigentliche Inhalt des date-Moduls von außen durch beliebigen Inhalt überschrieben. So lässt es sich, wie gezeigt, durch ein Objekt ersetzen, das die Struktur des date-Moduls nachahmt. Wie Sie das im Test konkret nutzen, zeigen die Code-Beispiele weiter unten.

6.3   Abhängigkeiten mit rewire ersetzen

Nun kann die Test-Suite das neue Modul im Test verwenden, um mit der date-Abhängigkeit umzugehen. Der erste Test war weiter oben noch mit require() formuliert und wechselt jetzt auf rewire():

```
var expect = require('chai').expect,
    rewire = require('rewire');

var list = rewire('../../lib/list');

describe('list', function () {
    describe('birthdays', function () {
        it('returns an array with one name when given a list of two ↵
persons, one having birthday today', function () {
            var birthdayList = [
                {name: 'John Doe', birthday: '19741212'},
                {name: 'Hans Mustermann', birthday: '19700101'}
            ];
            expect(list.birthdays(birthdayList).length).to.equal(1);
        });
    });
});
```

Noch wird der Test jedoch nicht laufen, da eine date-Attrappe fehlt, die dem list-Modul die erwarteten Ergebnisse zurückliefert. Mit einer solchen Attrappe testen Sie die Funktionalität von list sehr einfach und behalten zugleich die Kontrolle über den Test.

Wie weiter oben erklärt, lässt sich dank rewire() auf die date-Variable innerhalb des list-Objekts zugreifen, z.B. in folgender Konstruktion:

```
list.__set__('date', {
    hasBirthday: function (date) {
        return date === '19741212';
    }
});
```

Die für date verwendete Funktion würde für das Geburtsdatum von John Doe aus der kleinen Test-Liste true zurückgeben. Das ist für den hier gezeigten Anwendungsfall eine probate Lösung. Aber die zu ersetzenden Funktionen können durchaus komplexer sein als in diesem Beispiel. Außerdem möchte man nicht nur die Rückgabe der Funktion beeinflussen, sondern auch testen, ob die Funktion überhaupt wie erwartet aufgerufen wurde. Auch in diesen Fällen ist der Aufwand für eigene Attrappen sehr hoch. Je nach Projekt und Komplexität der Test-Fragestellungen spüren Sie diesen Aufwand früher oder später. Es empfiehlt sich also fast immer, von Anfang an einen Profi zu beauftragen. Und der Profi heißt in diesem Fall *Sinon.JS*, der Experte in Sachen Attrappen (*Mocks*), Spione (*Spies*) und Dummy-Funktionalität (*Stubs*).

6.4 Die notwendigen Pakete installieren

Wir haben in diesem Kapitel zwei Pakete angesprochen, ohne sie bisher installiert zu haben; das holen wir nun nach.

Um rewire und Sinon.JS nutzen zu können, gilt es einmal mehr, die Liste der Abhängigkeiten in der Datei package.json zu erweitern. Wieder sind die neuen Abhängigkeiten als Abhängigkeiten der Test-Suite ausschließlich zur Entwicklungszeit relevant und gehören damit in den Bereich der devDependencies:

```
"devDependencies": {
    ...,
    "rewire": "2.1.4",
    "sinon": "1.8.2",
    ...
}
```

Nach einem npm install sind die Pakete einsatzbereit.

6.5 Eine API im Test simulieren

Mit Sinon.JS vervollständigen wir endlich den ersten Test:

```
var expect = require('chai').expect,
    rewire = require('rewire'),
    sinon = require('sinon');

var list = rewire('../../lib/list');

describe('list', function () {
    describe('birthdays', function () {
        it('returns an array with one name when given a list of two ↵
persons, one having birthday today', function () {
            var birthdayList = [
                {name: 'John Doe', birthday: '19741212'},
                {name: 'Hans Mustermann', birthday: '19700101'}
            ];

            var hasBirthday = sinon.stub();
            hasBirthday.withArgs('19741212').returns(true);
            hasBirthday.withArgs('19700101').returns(false);
            list.__set__('date', { hasBirthday: hasBirthday });

            expect(list.birthdays(birthdayList).length).to.equal(1);
        });
    });
});
```

Initial ist das Laden von Sinon.JS hinzugekommen. Das Paket wird der Variablen `sinon` zugewiesen. Über dieses Objekt lassen sich nun die zuvor angesprochenen Attrappen (Mocks), Spione (Spies) und Dummy-Funktionalität (Stubs) erzeugen.

Im obigen Fall erzeugt der Code mit `var hasBirthday = sinon.stub();` einen Stub. Stubs sind Funktionen, die Dummy-Funktionalität liefern. Sie lassen sich so konfigurieren, dass sie beliebige Rückgabewerte erzeugen oder übergebene Callbacks aufrufen. Sie simulieren damit die Funktionalität, die im aktuellen Test gerade nicht getestet werden soll, und erlauben es, den Test so zu steuern, dass auf das gewünschte Ergebnis getestet wird.

Damit der Stub die erwartete Dummy-Funktionalität liefert, wird er von der Test-Suite entsprechend konfiguriert. Das geschieht in den beiden der Erzeugung nachfolgenden Zeilen. Dort wird initial festgelegt, dass der Stub (`hasBirthday`) bei Aufruf mit dem einzelnen Argument `'19741212'` (`.withArgs('19741212')`) den Wert `true` zurückliefert (`.returns(true)`). Für das Datum `'19700101'` wird in der nächsten Zeile die Antwort `false` festgelegt.

Der Zusatz .withArgs() ist übrigens optional. Der Stub ließe sich mit einem einfachen hasBirthday.returns(true) dazu veranlassen, bei jedem Aufruf true zurückzugeben. Im oben beschriebenen Test wäre das aber etwas zu einfach, denn der Test verlangt, dass nur eine der beiden Personen in der Liste Geburtstag haben soll. Entsprechend muss der Stub auf das übergebene Geburtsdatum reagieren.

Nach der Konfiguration wird der Stub via rewire bzw. list.__set__('date', { hasBirthday: hasBirthday }) in das list-Modul injiziert. Sobald list.birthdays() also über die Personen iteriert und das substituierte date-Modul einmal mit dem Geburtsdatum 19741212 und dann 19700101 befragt, wird der Stub einmal true respektive false zurückgeben.

Damit läuft der Test das erste Mal erfolgreich durch, denn nun wird has-Birthday() für die im Test definierte Liste der zwei Geburtstage einmal true und einmal false zurückgeben, was die Testerwartung erfüllt:

```
$ grunt mochaTest
Running "mochaTest:test" (mochaTest) task


  date
    hasBirthday
      ✓ returns true if the current day and month match the given birthday
      ✓ returns false if the current day and month do not match the given ↵
birthday

  list
    birthdays
      ✓ returns an array with one name when given a list of two persons, ↵
one having birthday today


  3 passing (106ms)


Done, without errors.
```

Sinon.JS unterstützt eine sog. „Fluent API", d.h. der Rückgabewert von Funktionsaufrufen wie withArgs() ist immer der Stub selbst. Damit steht die gut lesbare Kaskade .withArgs('19741212').returns(true) zur Verfügung.

Sinons Stubs bieten eine ganze Reihe von Konfigurations- und Reaktionsmöglichkeiten. So wäre auch folgende Konstruktion möglich, um den Testlauf zum Funktionieren zu bringen:

```
var hasBirthday = sinon.stub();
hasBirthday.onFirstCall().returns(true);
hasBirthday.onSecondCall().returns(false);
```

Hier reagiert der Stub nicht auf die übergebenen Argumente, sondern entsprechend der vorgegebenen Reihenfolge. `.onFirstCall()` definiert mit `.return(true)`, dass beim ersten Aufruf `true` zurückgegeben werden soll. `.onSecondCall()` definiert den Rückgabewert beim zweiten Aufruf als `false`. Wieder wird nur ein Geburtstag identifiziert. Analog zu `.onFirstCall()` interpretiert Sinon.JS die Funktion `.onCall(0)`. Mit dieser Funktion definieren Sie eine beliebig lange Folge von Rückgabewerten.

`.withArgs()` und `.onCall()` sind die beiden Varianten, die einen Stub dazu bringen, nur auf bestimmte Signale zu reagieren. Bei der Form der Reaktion ist die Vielfalt allerdings deutlich größer. Bisher haben wir `.returns()` gesehen, die einfachste Form.

Fehlerfälle testen Sie mit Sinon.JS, indem Sie statt `.returns()` die Funktion `.throws()` nutzen. Damit wird der Stub bei Aufruf eine Ausnahme (*Exception*) werfen. Der Funktion `.throws()` kann auch ein String oder ein Objekt als Argument übergeben werden. Der String bezeichnet einen beliebigen Fehlertyp, der ad hoc generiert wird. Ein übergebenes Objekt wird einfach als Exception angenommen und mit `throw` zurückgeworfen.

Um Stubs in allen Lebenslagen verwenden zu können, fehlt nur noch die Möglichkeit, übergebene Argumente innerhalb des Stubs aufzurufen. In JavaScript ist die Übergabe von Callbacks als Funktionsparameter üblich. Diese werden häufig nach Abschluss einer Aufgabe aufgerufen und ihnen eventuelle Resultate übergeben. Die Sinon.JS-Stubs erlauben ebenfalls, einen ihnen übergebenen Callback im Test aufzurufen und mit einem simulierten Ergebnis zu versorgen.

Dazu dient die Funktion `.callsArg()`, der man als Argument die Position des aufzurufenden Arguments übergibt, also z.B. `.callsArg(0)`, um das erste übergebene Argument als Callback aufzurufen. Sollen dabei Werte übergeben werden, ist die Funktion `.callsArgWith(1, 'A', 'B', 'C')` aufzurufen. Im Beispiel wird das zweite übergebene Argument als Callback mit den Parametern A, B und C aufgerufen. Wer darüber hinaus beim Aufruf des Callbacks `this` binden möchte, kann dies mit `.callsArgOn()` bzw. `.callsArgOnWith()` tun. Bei beiden Funktionen bezeichnet das erste Argument die Position des Callbacks – also genauso wie `.callsArg()`. Darauf folgt der als `this` zu übergebende Kontext. Bei `.callsArgOnWith()` können noch weitere Argumente folgen, die dann dem Callback beim Aufruf übergeben werden.

Mit diesen Funktionen ist der wichtigste Teil des Repertoires von Stubs erschlossen. Sie sind damit in der Lage, die Reaktionen einer Schnittstelle im Test vollständig zu simulieren, so dass der zu testende Code auf seinen Umgang mit den Rückgaben der Schnittstelle geprüft werden kann.

6.6 Aufrufe der API im Test überprüfen

Das ist natürlich nur die eine Seite der Medaille. Stubs überprüfen nur eingeschränkt, ob die Schnittstelle korrekt aufgerufen wird. In der ersten Variante des Stubs, der die hereinkommenden Argumente mit `.withArgs('19741212')` und `.withArgs('19700101')` überprüft, findet eine Art Prüfung der Eingabeparameter statt. Der zweiten, oben gezeigten Variante, die mit `.onFirstCall()` und `.onSecondCall()` arbeitet, ist es dagegen völlig egal, wie der Input aussieht. Es wird stur die vorgegebene Antwort geliefert.

Hier leisten Spione (*Spies*) deutlich bessere Dienste. Ihre Aufgabe ist es, die Aufrufe der untersuchten Schnittstelle genau zu prüfen.

Der nächste Testfall zeigt, wie sich ein solcher Spy nutzen lässt:

```
it('calls hasBirthday for each person in the list and provides the ↵
birthday as argument', function () {
    var birthdayList = [
        {name: 'John Doe', birthday: '19741212'},
        {name: 'Hans Mustermann', birthday: '19700101'}
    ];

    var hasBirthday = sinon.spy();
    list.__set__('date', { hasBirthday: hasBirthday });

    list.birthdays(birthdayList);

    expect(hasBirthday.callCount).to.equal(birthdayList.length);
    expect(hasBirthday.firstCall.calledWithExactly('19741212')).to.be.ok;
    expect(hasBirthday.secondCall.calledWithExactly('19700101')).to.be.ok;
});
```

Die Struktur entspricht dem ersten Test. Diesmal wird `hasBirthday()` jedoch nicht mit einem Stub ersetzt, sondern mit einem Spy. Erzeugt wird dieser mit dem Aufruf `sinon.spy()`. Hätten wir das Date-Modul bereits als date geladen, könnten wir den Spion auch mit `hasBirthday = sinon.spy(date.hasBirthday)` oder `date = sinon.spy(date, 'has-Birthday)` erzeugen. In beiden Fällen legt sich der Spy quasi um die Originalfunktion `hasBirthday()` und hört sie ab. Die „ummantelte" Funktion funktioniert unverändert. Beim Aufruf `hasBirthday = sinon.spy(date.hasBirthday)` repräsentiert der erzeugte Spy nur eine einzelne Funktion. Im zweiten Fall, dem Aufruf von `date = sinon.spy(date, 'hasBirthday)`, repräsentiert der Spy das gesamte Objekt date. Aber auch in diesem Fall wird nur die angegebene Funktion `hasBirthday` vom Spy belauscht.

Das ist an dieser Stelle aber nicht gewünscht, denn hier sollte ja gerade keine wirkliche Kommunikation zwischen den Modulen stattfinden. Es genügt also die leere Funktion, die mit `sinon.spy()` erzeugt wird.

Im obigen, zweiten Test wird zwar wieder `list.birthdays(birthday-List)` aufgerufen, aber das Resultat interessiert nicht, denn es geht ja nur um die internen Aufrufe zur Schnittstelle. Also wird das Ergebnis von `list.birthdays()` vom Code einfach ignoriert.

Natürlich identifiziert `list.birthdays()` in diesem Fall ohnehin keine Geburtstage, denn der Spy liefert bei jedem Aufruf `null` zurück, und das wird `list.birthdays()` bei der obigen Implementierung mit `false` gleichsetzen. Die Konstruktion `if (date.hasBirthday(person.birthday)) {...}` bewertet `false` und `null` als Rückgabe von `date.hasBirthday()` genau gleich.

Nach dem Aufruf von `list.birthdays()` wird zwar das leere Resultat ignoriert, aber der Test interviewt abschließend den Spion, zunächst mit `expect(hasBirthday.callCount).to.equal(birthdayList.length)` nach der Zahl seiner Aufrufe. Natürlich erwartet der Code, dass `hasBirthdays()` genauso oft aufgerufen wurde, wie die Geburtstagsliste lang ist (`birthdayList.length`). Die Zahl an Aufrufen gibt der Spy unter dem Attribut `hasBirthday.callCount` heraus.

Dieses Attribut wäre auch vorhanden, wenn der Code den Spy über `hasBirthday = sinon.spy(date.hasBirthday)` erzeugt hätte und die Originalfunktion von `hasBirthday()` nur kapseln würde. Dann liegt der Spion um die eigentliche Funktion herum und erweitert sie mit ein paar nützlichen Funktionen und Attributen.

Der Spy bietet aus Komfortgründen Alternativen zum `.callCount`: `.calledOnce`, `.calledTwice` und `.calledThrice`, die jeweils dann `true` ergeben, wenn der Spy einmal, zweimal oder eben dreimal aufgerufen wurde. Damit ließe sich der Test mit `expect(hasBirthday.calledTwice).to.be.ok;` umformulieren. Als Verallgemeinerung unterstützt der Spy auch das Attribut `.called`, das immer dann `true` ergibt, wenn der Spy zumindest einmal aufgerufen wurde.

Die Spies erlauben auch den Zugriff auf die Eigenschaften der einzelnen Aufrufe, die sich über die Funktion `.getCall()` des Spy abrufen lassen. Als einzelner Parameter wird der Index des Aufrufs übergeben. Mit `.getCall(0)` erhält man so den ersten Aufruf des Spy, `.getCall(1)` liefert den zweiten Aufruf zurück, usw. Wie im obigen Test zu sehen, gibt es aber auch wieder alternative Komfort-Attribute: `.firstCall`, `.secondCall` und `.thirdCall`, die jeweils den ersten, zweiten oder dritten Aufruf zurückgeben.

Die Aufrufe haben nun eigene Attribute, die im Test überprüft werden können. Der obige Test verwendet z.B. `.calledWithExactly()`. Die Funktion überprüft die Argumente des entsprechenden Aufrufs, und zwar darauf, ob exakt (`...Exactly()`) die angegebenen Argumente übergeben wurden. Das einfachere `.calledWith()` überprüft genauso, ob die angegebenen Argumente übereinstimmen. Es ist aber tolerant gegenüber weiteren übergebenen Argumenten. `.calledWith('A', 'B')` legt die ersten beiden erwarteten Argumente fest; ob ein drittes, viertes oder beliebig viele weitere Argumente übergeben wurden, spielt keine Rolle.

In allen Fällen zeigt der Rückgabewert der Funktion mit `true` oder `false` an, ob das Kriterium zutrifft. Entsprechend wird im obigen Test wieder über die `expect()`-Funktion getestet:

```
expect(hasBirthday.firstCall.calledWithExactly('19741212')).to.be.ok
```

Damit überprüft dieser neue Test die Aufrufe des `date`-Moduls genau und die Test-Suite ist damit erst einmal komplett. Bleibt noch der reale Lauf auf der Kommandozeile:

```
$ grunt
Running "jshint:files" (jshint) task
>> 5 files lint free.

Running "mochaTest:test" (mochaTest) task


  date
    hasBirthday
      ✓ returns true if the current day and month match the given birthday
      ✓ returns false if the current day and month do not match the given ↵
birthday

  list
    birthdays
      ✓ returns an array with one name when given a list of two persons, ↵
one having birthday today
      ✓ calls hasBirthday for each person in the list and provides the ↵
birthday as argument


  4 passing (90ms)

Done, without errors.
```

Sinon.JS bietet noch eine ganze Reihe weiterer Funktionalitäten. So lassen sich z.B. Spies dazu nutzen, auch die Rückgabewerte dekorierter Funktionen zu überprüfen oder die Kommunikation per XMLHttpRequests zu simulieren. An dieser Stelle würde das aber zu weit führen, und wir unterbrechen die Reise ins Land der Spione und Dummies, um unsere neue Bibliothek in der Praxis zu nutzen.

6.7   Den letzten Fehler korrigieren

Dafür ist aber noch ein letzter Fehler zu korrigieren: Bei dem Aufruf von date.hasBirthday() haben wir bislang das eingangs erwähnte Problem ignoriert, dass die Funktion überhaupt nicht in der Lage ist, einen String-Parameter zu verarbeiten. Das lässt sich glücklicherweise ohne großen Aufwand im date-Modul erledigen.

Zuerst einmal zwei zusätzliche Tests, die die gewünschte Funktionalität in der Test-Suite für date abdecken:

```
describe('date', function () {
    'use strict';

    describe('fromYyyyMmDd', function () {
        it ('converts format YyyyMmDd to date objects', function () {
            var dateObject = date.fromYyyyMmDd('20131203');
            expect(dateObject.getFullYear()).to.equal(2013);
            expect(dateObject.getMonth()).to.equal(11);
            expect(dateObject.getDate()).to.equal(3);
        });
    });

    describe('hasBirthday', function () {
        it('accepts string parameters', function () {
            function stringBirthday () {
                var pad = function (n) {
                    return n < 10 ? '0' + n : n;
                };
                var d = new Date();
                return '1974' +
                    pad(d.getMonth()+1) +
                    pad(d.getDate());
            }
            expect(date.hasBirthday(stringBirthday())).to.be.ok;
        });
    });
...
```

date erhält offensichtlich eine zusätzliche Funktion date.fromYyyyMmDd(), die einen String im Format YYYYMMDD in ein Date-Objekt umwandeln kann. Zudem wird erwartet, dass die date.hasBirthday()-Funktion einen String-Parameter annimmt. Der zweite Test ist etwas aufwendiger im Setup, da der Geburtstag als String im richtigen Format erzeugt werden muss.

Der dazu passende Code aus dem date-Modul sieht folgendermaßen aus:

```
/* global module */

module.exports = {
    hasBirthday: function (birthday) {
        'use strict';
```

```
                    if (typeof birthday === 'string') {
                        birthday = this.fromYyyyMmDd(birthday);
                    }
                    var current = new Date();
                    return current.getDate() === birthday.getDate() &&
                           current.getMonth() === birthday.getMonth();
                },
                fromYyyyMmDd: function(date) {
                    'use strict';
                    return new Date(
                        date.substring(0,4),
                        + date.substring(4,6) - 1,
                        date.substring(6,8)
                    );
                }
            };
```

Dieses Modul wird nun problemlos mit dem list-Modul zusammenarbeiten, und damit ist der Code bereit für einen ersten realen Einsatz.

Die Bibliothek unter Node.js nutzen

Selbst unsere in den vorangegangenen Kapiteln entwickelte Mini-Bibliothek erweist sich in verschiedenen Szenarien als hilfreich. Unter Node.js gibt es zwei denkbare Einsatzmöglichkeiten: als Teil eines Web- oder Backend-Servers, der die Informationen im HTML- oder JSON-Format ausgibt, oder als kleines Kommandozeilenwerkzeug.

Die Server-Variante wäre hier zu aufwendig, so dass wir uns mit dem Kommandozeilenwerkzeug auseinandersetzen.

Dafür muss zwischen der bisher entwickelten Bibliothek und der Kommandozeile ein Brückenschlag erfolgen: ein kleines Stück Adaptercode, der die Geburtstagsbibliothek für die Node.js-Welt bzw. die Kommandozeile nutzbar macht (siehe auch Anhang C). Da diese Adapterschicht Node.js-spezifisch ist, darf sie auch Code-Segmente verwenden, die dann eben nur unter Node.js laufen.

7.1 Die Schnittstelle zur Kommandozeile

Auf der Kommandozeile müssen Optionen und Argumente verarbeitet werden. Dafür bieten sich vorhandene Pakete an – hier die Bibliothek commander, die wir zunächst in der Datei package.json hinzufügen:

```
...
"dependencies": {
  "commander": "2.6.0"
},
...
```

Es handelt sich um die erste Abhängigkeit, die zur Laufzeit und nicht zur Entwicklungszeit benötigt wird. Darum gehört der Eintrag in den dependencies-Block. Mit einem npm install ist das Paket dann verfügbar.

7.2 Die ausführbare Datei

Der Benutzer lässt JavaScript-Code von der Kommandozeile einfach mit node datei_xyz.js ausführen. Alternativ (und besser) geht es aber über eine ausführbare Datei.

Diese landet bei einem Node.js-Paket üblicherweise unter dem Verzeichnis bin. Für das hier beschriebene Paket wäre das die Datei bin/geburtstage. Nach Erstellung ist die Datei zunächst mit chmod a+x als ausführbar zu markieren.

Damit die Datei auf der Kommandozeile auch wirklich interpretiert wird, muss am Anfang der Datei ein Hinweis auf den Interpreter stehen:

```
#!/usr/bin/env node
```

/usr/bin/env kümmert sich mit dieser Zeile darum, node auszuführen. Es berücksichtigt die PATH-Variable, die alle Pfade zu Verzeichnissen listet, in denen ausführbare Dateien liegen. Nach dem Aufruf von node wird dem Interpreter der restliche Inhalt der Datei zur Ausführung übergeben. Sie schreiben nach dieser Zeile also normales JavaScript.

Der Code startet aber dennoch nicht mit JavaScript, sondern einer JSHint-spezifischen Anweisung:

```
/*global require*/
```

Da das Kommandozeilenwerkzeug ausschließlich unter Node.js läuft, lädt der Code weitere Module über die Funktion require nach.

Den Anfang macht commander. Das Modul wird für die Festlegung des Interface auf der Kommandozeile benötigt:

```
var commander = require('commander');
var cli = new commander.Command('geburtstage');

cli.version('0.0.0')
    .option(
        '-f, --file [path]',
        'Path to the file that contains the list of birthdays ↵
[geburtstage.json].',
        'geburtstage.json'
    )
    .parse(process.argv);
```

Das Modul wird initial über `require` geladen und dann ein neues Kommandozeileninterface (CLI) über `new commander.Command('geburtstage')` erzeugt. Das Argument `geburtstage` entspricht dem Kommandonamen, der mit dem Skriptnamen (hier `bin/geburtstage`) übereinstimmen sollte.

Anschließend folgt die Definition der Optionen, die auf der Kommandozeile angeboten werden. `.version('0.0.0')` bestimmt die Version des Skripts. Sie lässt sich vom Benutzer beim Aufruf des `geburtstage`-Skripts über die Option `--version` anzeigen.

Danach, eingeleitet durch die Funktion `.option()`, folgt eine eigene Optionsdefinition. Mit `-f` oder `--file` gibt der Benutzer dem `geburtstage`-Skript den Pfad zu einer Datei an, die eine Liste der Geburtstage im JSON-Format enthält. Das erste Argument (`'-f, --file [path]'`) bezeichnet die möglichen Flags für die Option (`-f` und `--file`). Der angehängte Path (`[path]`) erscheint nur innerhalb der Hilfe-Ausgabe und ist darüber hinaus nicht weiter interessant. Dann folgt eine längere Beschreibung der Option, die ebenfalls wieder nur in der Hilfe angezeigt wird. Abschließend wird vom Code noch ein Default-Wert angegeben – hier `geburtstage.json`. Geben Sie die Option `-f` nicht an, so wird als Pfad automatisch `geburtstage.json` angenommen.

Zu guter Letzt werden die übergebenen Parameter, die Node.js in `process.argv` vorhält, mit `.parse(process.argv)` entsprechend der CLI-Definition ausgelesen. An dieser Stelle beherrscht das Skript drei Optionen: `--help`, `--version` und `--file`. Die Ausgabe von `--help` leitet sich natürlich aus der CLI-Definition ab und wird von `commander` automatisch erstellt:

```
$ ./bin/geburtstage --help

  Usage: geburtstage [options]

  Options:

    -h, --help          output usage information
    -V, --version       output the version number
```

```
    -f, --file [path]  Path to the file that contains the list of ↵
birthdays [geburtstage.json].
```

--version zeigt, wie in der Hilfe angegeben, die Version des Programms an:

```
$ ./bin/geburtstage --version
0.0.0
```

Damit das Programm nun aber auch etwas Nützliches tut, erweitern wir den Code. Hier das komplette Skript:

```
#!/usr/bin/env node

/*global require*/

var fs = require('fs');
var list = require('../lib/list');
var commander = require('commander');
var cli = new commander.Command('geburtstage');

cli.version('0.0.0')
    .option(
        '-f, --file [path]',
        'Path to the file that contains the list of birthdays ↵
[geburtstage.json].',
        'geburtstage.json'
    )
    .parse(process.argv);


function load(err, data) {
    'use strict';
    if (err) {
        console.log('Failed reading birthday list!');
        console.log(err);
    } else {
        list.birthdays(JSON.parse(data)).map(function (value) {
            console.log(value + ' hat heute Geburtstag. Kaufe ein ↵
Geschenk!');
        });
    }
}

fs.readFile(cli.file, load);
```

Neben dem commander-Paket lädt der vollständige Code nun zwei weitere Module: Zum einen den Zugriff auf das Dateisystem (fs), zum anderen die in den vorigen Kapiteln entwickelte Bibliothek (../lib/list). Über fs wird erst einmal versucht, die mit der Option --file angegebene Datei mit fs.readFile(cli.file, load) einzulesen. cli.file trägt den Wert der Kommandozeilenoption. Wurde die Option nicht angegeben, wird Node.js, wie bereits beschrieben, versuchen, die als Default angegebene Datei geburtstage.json zu laden.

Das Resultat der Ladeoperation wird dem Callback load() übergeben.

Innerhalb dieser Funktion gibt es nun zwei Möglichkeiten: Entweder ist das Laden fehlgeschlagen, dann wird die Funktion fs.readFile() als ersten Parameter err einen Fehler übergeben, der dann wiederum mit zwei console.log()-Statements ausgegeben wird.

Konnte die Datei aber erfolgreich gelesen werden, wird der Code versuchen, die Personen zu identifizieren, die heute Geburtstag haben. Dazu wird zunächst der Inhalt der eingelesenen Datei als JSON-Format interpretiert. JSON.parse(data) sollte ein JavaScript-Objekt zurückgeben, das dann der im vorigen Kapitel entwickelten Funktion list.birthdays() übergeben wird. Die Funktion prüft, ob Personen auf der Liste heute Geburtstag haben, und gibt diese als Array zurück. Sollte die Liste leer sein, wird die map()-Funktion in list.birthdays(JSON.parse(data)).map(...) nicht reagieren, und das Skript produziert keine Ausgabe.

Haben aber Personen Geburtstag, wird map() durch diese Liste iterieren und jeden Wert der übergebenen Funktion

```
function (value) {console.log(value + ' hat heute Geburtstag. Kaufe ein ↵
Geschenk!');}
```

übergeben.

Nun ist es an der Zeit auszuprobieren, ob das Skript tut, was es soll. Dafür benötigen wir die JSON-Datei geburtstage.json. Das darin enthaltene Format muss dem Format entsprechen, das die Funktion list.birthdays() erwartet, d.h. die Datei muss ein Array aus Objekten mit jeweils einem name- und einem birthday-Attribut definieren. Das birthday-Attribut muss im Format YYYYMMDD abgelegt sein. So könnte die Datei aussehen:

```
[
  {"name":"Gunnar Wrobel",   "birthday":"19740325"},
  {"name":"Mister X",        "birthday":"19740325"},
  {"name":"Keine Geschenke","birthday":"19740101"}
]
```

Das aktuelle Datum sei der 25.3.2014 – somit sollte das Skript ein paar Geburtstagskinder ausgeben:

```
$ ./bin/geburtstage
Gunnar Wrobel hat heute Geburtstag. Kaufe ein Geschenk!
Mister X hat heute Geburtstag. Kaufe ein Geschenk!
```

Der Code erfüllt also seinen Zweck.

Natürlich kommt `commander` in diesem Kapitel etwas zu kurz, aber das Thema „Kommandozeile und Node.js" würde hier zu weit führen.

Zudem ist es nicht ganz fair, den Code unter der Haube von `list.birthdays()` aufwendig testgetrieben zu entwickeln und dann ein ungetestetes Skript herunterzuhacken.

Das Vorgehen ist hier dem Wunsch geschuldet, einmal zu demonstrieren, wie sich der Code außerhalb des Browsers nutzen lässt. Wie das innerhalb des Browsers aussieht, beleuchten wir in den folgenden Kapiteln.

Karma

Nichts gegen JavaScript auf der Kommandozeile oder im Server-Backend, aber das Haupteinsatzgebiet ist immer im Browser. Dass wir uns in den vorangegangenen Kapiteln ausschließlich im Node.js-Raum bewegt haben war dennoch sinnvoll, da die JavaScript-Entwicklung unter Node.js viele einfach einzusetzende und wertvolle Werkzeuge bereithält. Noch ist aber nicht klar, ob unser Code auch wirklich im Browser läuft.

Eine Möglichkeit wäre nun – wie im vorherigen Kapitel für Node.js geschehen – die Browser-spezifische Adapterschicht für die Geburtstags-bibliothek zu schreiben und damit zu prüfen, ob die Bibliothek auch im Browser funktioniert.

Aber das wäre schon etwas weit gegriffen, und ob die Bibliothek im Browser läuft, lässt sich auch deutlich früher erkennen. Wer mit Mocha arbeitet, hat ein Testsystem gewählt, das sowohl im Browser als auch unter Node.js funktioniert. Aber wie sieht das Setup aus, damit Mocha auch im Browser läuft?

Eine sehr gute Automatisierung der Browser-Tests bietet das Werkzeug *Karma*. Es bezeichnet sich selbst als „spektakulären Test-Runner für JavaScript", und als „Test-Runner" kümmert sich Karma ausschließlich um das *Ausführen* der Tests, also explizit nicht darum, wie Tests geschrieben werden. Das überlässt Karma Frameworks wie Mocha oder Jasmine. Das klingt vielleicht wenig aufregend, denn bisher haben Grunt oder Mocha selbst die Tests innerhalb von Node.js ohne große Magie durchgeführt.

Karma erlaubt aber den parallelen Lauf der Test-Suite in Browsern, die lokal oder remote gestartet werden, seien das nun Chrome, Firefox, Internet Explorer, Safari oder die diversen mobilen Alternativen. Diese Aufgabe erfordert somit zwangsläufig etwas mehr Magie als der einfache Test unter Node.js.

Karma ist – wie so viele Werkzeuge der JavaScript-Welt – sehr gut erweiterbar. Es konzentriert sich auf seine eigentliche Aufgabe und überlässt es Plugins, die eigentliche Test-Suite oder auch verschiedene Browser anzubinden. Wieder andere Plugins kümmern sich um eine Vorverarbeitung der Quelldateien.

Ist eine solche Vorverarbeitung auch hier notwendig? Unbedingt, denn unser Code verlässt sich bei der Definition von Modulen bislang auf die CommonJS-Syntax, die jedoch im Browser nicht funktioniert. Eine Lösung bietet webpack, das den Node.js-spezifischen Code für den Browser umschreibt. Warum wir für diese Aufgabe ausgerechnet webpack verwenden, erläutert Abschnitt C.3. Bevor Karma den Test-Code in den Browser pumpt, muss sich webpack um die CommonJS-Syntax gekümmert, d.h. ihn in eine Browser-kompatible Variante umgeschrieben haben.

8.1 Die Installation

Als Kern ist das Paket karma zwingend notwendig. Da die bisher geschriebene Test-Suite auf Mocha basiert, darf das passende Plugin karma-mocha nicht fehlen, damit Karma die Test-Suite ausführen kann. Darüber hinaus gibt es für jeden unterstützten Browser ein spezifisches Paket. Diese sogenannten „Launcher" sind dafür zuständig, den entsprechenden Browser zu starten und die Test-Suite laden zu lassen. Außerdem empfiehlt sich das Grunt-Plugin, mit dem Grunt die Tests ebenfalls automatisiert ausführt.

Hinzu kommen die Pakete für webpack: natürlich webpack selbst, das zugehörige Karma-Plugin karma-webpack, die rewire-Unterstützung für webpack über das Paket rewire-webpack und das kleine Paket imports-loader, das uns im weiteren Verlauf ein Problem zwischen webpack und Sinon.JS lösen wird.

Es handelt sich bei allen Paketen wieder um Abhängigkeiten, die nur zur Entwicklungszeit vorhanden sein müssen:

```
"devDependencies": {
    ...,
    "grunt-karma": "0.10.1",
    "imports-loader": "0.6.3",
    "karma": "0.12.31",
    "karma-chrome-launcher": "0.1.7",
    "karma-firefox-launcher": "0.1.4"
    "karma-mocha": "0.1.10",
    "karma-webpack": "1.5.0",
    "rewire-webpack": "1.0.0",
    "webpack": "1.5.3",
    ...
}
```

Mit einem npm install sollte sich Node.js durch die beachtliche Liste von abhängigen Paketen wühlen und alles unter dem Verzeichnis node_modules ablegen.

Karma folgt dem gleichen Ansatz für den Aufruf von der Kommandozeile wie Grunt. Es gibt ein eigenes Paket, das dafür zuständig ist, die lokale Karma-Installation in einem Projekt aufzuspüren und auszuführen. Wie unter Kapitel 4 beschrieben, sollten Sie dieses sehr stabile Paket einmal global installieren:

```
$ npm install -g karma-cli
```

8.2   Die Konfiguration erstellen lassen

Karma bringt das Hilfskommando init mit, das eine ordentliche Grundkonfiguration für ein Projekt erstellt. Das Kommando startet einen Fragenkatalog und benutzt die Eingaben des Nutzers, um die Konfiguration aufzubauen. Im Folgenden unterbrechen wir das karma init-Frage-und-Antwort-Spiel nach jeder Antwort für eine kurze Erläuterung.

```
$ karma init

Which testing framework do you want to use ?
Press tab to list possible options. Enter to move to the next question.
> mocha
```

Die Frage nach dem eingesetzten Test-Framework beantworten Sie mit jasmine, mocha, qunit, nodeunit oder nunit. Da wir unsere Tests bislang alle in Mocha geschrieben haben, liegt die Antwort mocha auf der Hand.

```
Do you want to use Require.js ?
This will add Require.js plugin.
Press tab to list possible options. Enter to move to the next question.
> no
```

Unsere Entscheidung ist gegen Require.js und für webpack gefallen (siehe Anhang C). Darum lautet die Antwort auf die Frage, ob Karma Require.js nutzen soll, no.

```
Do you want to capture any browsers automatically ?
Press tab to list possible options. Enter empty string to move to the ↵
next question.
> Chrome
> Firefox
```

Danach werden die zu startenden Browser abgefragt. Das hängt natürlich vom lokalen Setup ab. Oben lautet die Antwort erst einmal Chrome und Firefox, die auf den meisten Systemen zur Verfügung stehen dürften. Wer hier noch IE, Safari oder Opera hinzufügen möchte, sollte im Nachgang noch einmal die Datei package.json prüfen. Denn karma init wird die notwendigen Launcher, die dort noch nicht als Abhängigkeit zur Entwicklungszeit vermerkt sind, nachladen und eigenständig eintragen. Alternativ können Sie die entsprechenden Launcher auch vorab in die Datei package.json schreiben – wie oben für Chrome und Firefox geschehen.

```
What is the location of your source and test files ?
You can use glob patterns, eg. "js/*.js" or "test/**/*Spec.js".
Enter empty string to move to the next question.
> test/**/*.js
>
```

Der Fragenkatalog ist fast beantwortet; es fehlt nur noch die Angabe, wo Quell- und Testdateien liegen. Karma wird diese zum Test in den Browser laden. Die Angabe muss nicht jede einzelne Datei aufführen, sondern kann das Sternchen verwenden. Dabei steht ** für alle Verzeichnisse auf einer Ebene, * für alle Dateien einer Ebene und *.js für alle Dateien einer Ebene, die mit .js enden.

Die oben gemachte Angabe test/**/*.js verweist also ausschließlich auf die Testdateien. Das ist hier auch richtig, da Karma die Dateien mit webpack für den Browser kompatibel macht und dafür die Quelldateien als Abhängigkeiten durch webpack automatisch ziehen lässt. Karma muss diese Dateien nicht selbst in den Browser laden, so dass die Angabe der Testdateien ausreicht.

```
Should any of the files included by the previous patterns be excluded ?
You can use glob patterns, eg. "**/*.swp".
Enter empty string to move to the next question.
>
```

Im Nachgang erkundigt sich Karma, ob bestimmte Dateien von den zuvor angegebenen Mustern ausgeschlossen werden sollen. Je nachdem, welche Hilfsdateien unter den Quell- und Testdateien liegen, kann das notwendig sein. Im vorliegenden Fall gibt es jedoch keine solchen Ausnahmen.

```
Do you want Karma to watch all the files and run the tests on change ?
Press tab to list possible options.
> yes
```

Abschließend will Karma wissen, ob die Quell- und Testdateien auf Veränderungen überwacht werden sollen. Damit reagiert Karma dann vergleichbar zu grunt watch und startet einen neuen Testlauf, nachdem eine der Dateien gespeichert wurde.

```
Config file generated at "./karma.conf.js".
```

Zuletzt beendet karma init das Frage-Antwort-Spiel und schreibt auf der Grundlage der Antworten die Konfigurationsdatei karma.conf.js. Wie das Suffix schon andeutet, ist auch diese Konfiguration in JavaScript geschrieben.

8.3 Der Inhalt der Konfigurationsdatei

Auch wenn karma init einen guten Einstieg in die Konfiguration liefert, sollte Ihnen die Konfigurationsdatei vertraut sein, um die Bereiche anzupassen, die karma init nicht abdeckt. Die Datei karma.conf.js sieht nach dem karma init-Lauf wie folgt aus:

```
// Karma configuration
// Generated on Wed May 07 2014 07:10:01 GMT+0200 (CEST)

module.exports = function(config) {
  config.set({

    // base path that will be used to resolve all patterns (eg. files, ↵
exclude)
    basePath: '',


    // frameworks to use
    // available frameworks: https://npmjs.org/browse/keyword/karma-
adapter
    frameworks: ['mocha'],
```

```
// list of files / patterns to load in the browser
files: [
  'test/**/*.js'
],


// list of files to exclude
exclude: [

],


// preprocess matching files before serving them to the browser
// available preprocessors: https://npmjs.org/browse/keyword/karma-
preprocessor
preprocessors: {

},


// test results reporter to use
// possible values: 'dots', 'progress'
// available reporters: https://npmjs.org/browse/keyword/karma-
reporter
reporters: ['progress'],


// web server port
port: 9876,


// enable / disable colors in the output (reporters and logs)
colors: true,


// level of logging
// possible values: config.LOG_DISABLE || config.LOG_ERROR || ↵
config.LOG_WARN || config.LOG_INFO || config.LOG_DEBUG
logLevel: config.LOG_INFO,


// enable / disable watching file and executing tests whenever any ↵
file changes
autoWatch: true,


// start these browsers
// available browser launchers: https://npmjs.org/browse/keyword/
karma-launcher
browsers: ['Chrome', 'Firefox'],


// Continuous Integration mode
// if true, Karma captures browsers, runs the tests and exits
```

```
    singleRun: false
  });
};
```

Die Datei karma.conf.js funktioniert ganz offensichtlich analog zur Konfigurationsdatei von Grunt: Mit module.exports wird eine einzelne Funktion exportiert, die als config-Parameter eine Konfigurations-API erhält. Von dieser Konfigurations-API ist aber nur die Funktion config.set() wichtig, denn nur diese wird mit einem umfangreichen Konfigurationsobjekt aufgerufen.

karma init hat in diesem Konfigurationsobjekt schon einige Einträge angelegt. Die Frage zum Test-Framework korrespondiert mit dem Eintrag frameworks: ['mocha']. Die zu verwendenden Browser sind über browsers: ['Chrome', 'Firefox'] festgelegt. Welche Testdateien geladen werden, bestimmt files: ['test/**/*.js'], während exclude: [] vermerkt, dass keine Dateien des Testdateien-Patterns ausgeschlossen werden sollen. Abschließend hat karma init mit autoWatch: true aufgezeichnet, dass Karma die Quell- und Testdateien auf Änderungen überwacht.

Einige Angaben hat karma init ohne Nachfrage hinzugefügt: so z. B. die Option basePath: '', die anzeigt, dass alle Pfade von demselben Verzeichnis ausgehen, in dem auch die Datei karma.conf.js liegt.

Um den leeren Eintrag preprocessors kümmert sich der folgende Abschnitt. Mit der Option reporters: ['progress'] hat karma init als Standard-Ausgabeverfahren den progress-Reporter gewählt, auch wenn es noch zahlreiche Alternativen – meist als Karma Plugin – gibt. Die Form der Ausgabe beeinflussen auch die beiden Optionen colors und logLevel. Der erste Parameter gibt an, ob in der Ausgabe auf der Kommandozeile Farben verwendet werden. Der zweite Parameter definiert den Log-Level, der bestimmt, wie gesprächig Karma bei seinen Log-Ausgaben ist. karma init aktiviert die Farbausgabe standardmäßig und legt den Log-Level auf LOG_INFO. Beide Einstellung sind für den Start in Ordnung.

Darüber hinaus finden sich noch die Optionen port und singleRun. Am angegebenen Port verbinden sich die Browser, um ihre Tests abzuholen. karma init wählt den Port 9876 aus. Der Parameter singleRun legt fest, ob sich Karma nach einem Testlauf beendet oder weiterläuft und nach einer Dateiänderung einen erneuten Testlauf anstößt. Nur wenn singleRun: false gesetzt ist (Standardeinstellung), ist autoWatch: true sinnvoll.

8.4 Karma und webpack

Nachdem Karma die Konfiguration erstellt hat, bietet sich ein erster Versuch mit karma start an. Damit geht Karma allerdings in den watch-Modus und startet immer dann einen Test, sobald sich etwas an den Quelldateien ändert. Für einen einzelnen Testlauf empfiehlt sich die Option --single-run. Sie überschreibt die oben genannte Konfigurationsvariable singleRun: false aus der Datei karma.conf.js, und Karma beendet sich nach einem einzelnen Lauf selbst.

```
$ karma start --single-run
INFO [karma]: Karma v0.12.31 server started at http://localhost:9876/
INFO [launcher]: Starting browser Chrome
INFO [launcher]: Starting browser Firefox
INFO [Chrome 40.0.2214 (Mac OS X 10.9.5)]: Connected on socket ↵
_hDF5Oux1eibUsBdEz-M with id 58070783
Chrome 40.0.2214 (Mac OS X 10.9.5) ERROR
  Uncaught ReferenceError: require is not defined
  at ./test/unit/date.js:1


Chrome 40.0.2214 (Mac OS X 10.9.5) ERROR
  Uncaught ReferenceError: require is not defined
  at ./test/unit/list.js:1


INFO [Firefox 35.0.0 (Mac OS X 10.9)]: Connected on socket ↵
UWTQK0r7t682hR6xEz-N with id 3068795
Firefox 35.0.0 (Mac OS X 10.9) ERROR
  ReferenceError: require is not defined
  at ./test/unit/date.js:1
```

Die Ausgabe zeigt, dass Karma initial einen Server auf localhost hochfährt und über den in der Konfigurationsdatei karma.conf.js angegebenen Port 9876 verfügbar macht. Dieser wird den ebenfalls startenden Browsern dynamisch generierte HTML-Seiten ausliefern, die den Test-Code bereithalten. Der Start von Firefox und Chrome ist ebenfalls in der Ausgabe dokumentiert. Beide Browser verbinden sich via HTTP und Websockets mit dem Karma-Server. Die Socket-Verbindung wird verwendet, um die Testergebnisse zum Server zurückzuschicken.

Leider scheitern beide Browser, sobald sie den angebotenen JavaScript-Code interpretieren, mit der Fehlermeldung require is not defined. Das ist eindeutig auf die CommonJS-Syntax im Quellcode zurückzuführen. Das dort verwendete require() zum Nachladen von Abhängigkeiten existiert im Browser einfach nicht.

Wir haben schon mehrfach darauf hingewiesen, dass der bisher geschriebene Quellcode durch webpack vorverarbeitet werden muss, damit er im Karma-Testlauf auch im Browser funktioniert. Diese Operation ist noch nicht in der Konfiguration festgelegt.

Karma ist in der Lage, den an den Browser gelieferten JavaScript-Code durch einen Präprozessor zu schicken. Dessen Code-Output wird dann statt des Originals ausgeliefert. Solche Präprozessoren legen Sie in der Konfigurationsvariablen preprocessors fest. Die oben installierten Pakete bringen bereits einen solchen Präprozessor mit. Das Paket karma-webpack stellt den Präprozessor webpack zur Verfügung, so dass die preprocessors-Konfiguration folgendermaßen aussieht:

```
// preprocess matching files before serving them to the browser
// available preprocessors: https://npmjs.org/browse/keyword/karma-
preprocessor
preprocessors: {
    'test/**/*.js': ['webpack']
},
```

Die Testdateien werden somit vor Auslieferung durch den webpack-Präprozessor geschickt. Die Operation lässt sich anhand der Ausgabe eines erneuten Karma-Laufs nachvollziehen, bei dem wir die zusätzliche Option --browsers=Chrome angeben, was die Ausgabe verkürzt, da nur ein Browser gestartet wird. Die Option auf der Kommandozeile überschreibt also die Angabe der zu startenden Browser in der Konfigurationsdatei.

```
$ karma start --single-run --browsers=Chrome
INFO [karma]: Karma v0.12.31 server started at http://localhost:9876/
INFO [launcher]: Starting browser Chrome
Hash: 8344a6c0a9b3c44a5636
Version: webpack 1.5.3
Time: 22ms
webpack: bundle is now VALID.
webpack: bundle is now INVALID.
Hash: 7aaee74498867e58bb46
Version: webpack 1.5.3
Time: 1004ms
           Asset    Size  Chunks             Chunk Names
test/unit/date.js  160488       0  [emitted]  test/unit/date.js
test/unit/list.js  394168       1  [emitted]  test/unit/list.js
chunk    {0} test/unit/date.js (test/unit/date.js) 150920
    [0] ./test/unit/date.js 1543 {0} [built]
...
[36] (webpack)/~/node-libs-browser/~/buffer/~/is-array/index.js 470 {0} ↵
{1} [built]
    [37] (webpack)/~/node-libs-browser/~/buffer/~/base64-js/lib/b64.js ↵
3430 {0} {1} [built]
chunk    {1} test/unit/list.js (test/unit/list.js) 358521 [rendered]
    [0] ./test/unit/list.js 1508 {1} [built]
    [2] ./~/chai/index.js 40 {0} {1} [built]
    [3] ./~/chai/lib/chai.js 1234 {0} {1} [built]
...
   [86] ./~/sinon/~/util/~/inherits/inherits_browser.js 672 {1} [built]
```

```
WARNING in ./~/sinon/lib/sinon.js
Critical dependencies:
39:25-32 require function is used in a way, in which dependencies cannot ↵
be statically extracted
 @ ./~/sinon/lib/sinon.js 39:25-32

WARNING in ./~/rewire/lib/moduleEnv.js
require.extensions is not supported by webpack. Use a loader instead.

...

ERROR in ./~/rewire/lib/rewire.js
Module not found: Error: Cannot resolve module 'module' in ./node_modules/
rewire/lib
 @ ./~/rewire/lib/rewire.js 1:13-30

...
webpack: bundle is now VALID.
INFO [Chrome 40.0.2214 (Mac OS X 10.9.5)]: Connected on socket ↵
xR3tlxjou07XiA7A6wkG with id 15989068
Chrome 40.0.2214 (Mac OS X 10.9.5) ERROR
  Uncaught Error: Cannot find module "module"
  at ./test/unit/list.js:6209
```

Die Ausgabe ist an vier Stellen gekürzt, da webpack eine unendlich lange Liste ausgibt. Immerhin: offensichtlich hat der webpack-Präprozessor etwas getan.

Anfänglich meldet sich webpack mit einigen allgemeinen Meldungen; der interessante Teil startet mit chunk {0} _js/test/unit/date.js (test/unit/date.js) 147470. Hier beginnt webpack mit der Analyse der angegebenen Quelldatei test/unit/date.js auf Abhängigkeiten. Jedes require()-Statement führt dazu, dass die dort angegebene Datei ebenfalls geladen und wiederum auf ihre Abhängigkeiten analysiert wird. Die Datei test/unit/date.js besitzt zwei Abhängigkeiten:

```
var expect = require('chai').expect;
var date = require('../../lib/date');
```

Genau diese Abhängigkeiten tauchen auch wieder in der webpack-Ausgabe auf:

```
[0] ./test/unit/date.js 1545 {0} [built]
[1] ./lib/date.js 572 {0} [built]
[2] ./~/chai/index.js 40 {0} {1} [built]
```

Die rekursive Suche endet bei der Datei lib/date.js recht schnell, da hier keine weiteren Abhängigkeiten existieren. Dafür wühlt sich webpack bei dem sehr modularen Chai durch ungefähr 30 Abhängigkeiten, bevor das Ende in Sicht ist.

webpack nimmt zuletzt den gesamten rekursiven Baum der Abhängigkeiten und überführt ihn in ein einzelnes Bündel („bundle").

Innerhalb dieses Bundles sind die Inhalte aller Quelldateien zusammengefasst und nur die require()-Statements durch alternativen Code ersetzt. Hier ein kleiner Auszug, der demonstriert, wie die oben dargestellten require()-Zeilen im Resultat aussehen können:

```
...
/******/ ([
/* 0 */
/***/ function(module, exports, __webpack_require__) {

        var expect = __webpack_require__(2).expect;
        var date = __webpack_require__(1);
...
```

Die Grundstruktur der Originaldatei bleibt also erhalten, bei den require()-Statements greift webpack jedoch zu und macht aus dem Original var expect = require('chai').expect; die Zeile var expect = __webpack_require__(2).expect;.

Das Bundle selbst ist, nachdem es durch webpack zusammengepackt wurde, vollkommen autark. Es lässt sich mühelos über einen <script/>-Tag in den Browser laden. Dabei wird automatisch die initiale Datei des Bundles aufgerufen. Für das Bundle, das aufgrund der Abhängigkeiten der Datei test/unit/date.js erzeugt wurde, wird im Browser-Kontext der Inhalt genau dieser Datei initial aufgerufen. Die mit __webpack_require__ ersetzten require()-Aufrufe laden dann alle weiteren Abhängigkeiten aus dem Bundle nach. Solange das Bundle wirklich alle Abhängigkeiten enthält – und das stellt webpack sicher, wenn es nicht anders instruiert wird – ist diese Skript-Datei eigenständig und kann problemlos im Browser ausgeführt werden.

Natürlich enthält das Bundle nicht mehr exakt den gleichen Code, wie die unter Node.js aufgerufenen Original-Dateien. Das mag auch dazu führen, dass sich der Code im Browser anders verhält als unter Node.js. Ist der Ansatz mit webpack dann überhaupt sinnvoll und valide? Ja, sofern denn auch die gleichen Tests in diesem neuen Format laufen.

Genau das war unser Ziel bei der Karma-Konfiguration in diesem Kapitel: ein Test-Setup, das die ursprünglich unter und für Node.js geschriebenen Tests auch über den für den Browser durch webpack modifizierten Code schickt. Die Code-Qualität, die die Tests unter Node.js sichern, wird damit in gleicher Weise für den Browser garantiert.

Das karma-webpack-Plugin nimmt also die beiden Original-Testdateien und packt zwei autarke Bundles, die es dem Browser präsentiert. Der Browser evaluiert den JavaScript-Code der beiden Bundles und stößt jeweils die initiale Datei, die Test-Suite, an. Die beiden initialen Testdateien ziehen dann ihre Abhängigkeiten aus den Bundles und führen die Tests durch. Dabei melden sie die Testergebnisse per Websocket zurück an den Server, der die Ergebnisse auf die Kommandozeile schickt.

8.5 rewire unter webpack

Unsere Erklärungen haben bislang aber völlig außer Acht gelassen, dass die Tests unangenehm auf die Nase gefallen sind. Gegen Ende des Karma-Laufs erscheinen keine Testergebnisse, sondern eine Fehlermeldung:

```
WARNING in ./~/rewire/lib/moduleEnv.js
require.extensions is not supported by webpack. Use a loader instead.
```

Diese ist eindeutig: In der list-Test-Suite wird rewire verwendet, das offensichtlich ein Node.js-spezifisches require()-Feature nutzt, und zwar require.extensions, das webpack nicht kennt. webpack überschreibt zwar den eigentlichen require()-Aufruf, kann aber nicht alle Funktionalitäten aus der Node.js-Welt in den Browser übertragen, und genau dieses Problem greift bei rewire und dem darin verwendeten require.extensions.

Für eben diesen Fall sollte aber schon rewire-webpack installiert sein, das Teil der Installationsliste war. Das Paket liefert ein kleines webpack-Plugin, das rewire()-Aufrufe identifiziert und in ein Browser-kompatibles Format innerhalb eines webpack-Bundles wandelt.

Damit das Plugin in webpack verfügbar ist, müssen wir es in der webpack-Konfiguration angeben. webpack wird aber im oben beschriebenen Fall über Karma und das karma-webpack-Plugin aufgerufen – folglich sollte sich Karma um die korrekte Konfiguration von webpack kümmern.

Das geschieht über die oben beschriebene Karma-Konfiguration karma.conf.js, indem die unter dem Namen webpack abgelegte Konfiguration in der Datei karma.conf.js an das karma-webpack-Plugin weitergereicht wird – und dieses übergibt sie dann an webpack.

Damit webpack nun das rewire-webpack-Plugin erhält, muss es in der Karma-Konfiguration stehen. Diese lebt in der Node.js-Welt, und darum kann das Plugin über require() geladen und dann an karma-webpack übergeben werden:

```
// Karma configuration
// Generated on Wed May 07 2014 07:10:01 GMT+0200 (CEST)

var RewirePlugin = require("rewire-webpack");

module.exports = function(config) {
```

```
config.set({

    // Configuration for the karma-webpack plugin
    webpack: {
        plugins: [
            new RewirePlugin()
        ]
    },

    // base path that will be used to resolve all patterns (eg. files, ↵
exclude)
    basePath: '',
...
```

Hier steht das webpack-Konfigurationsobjekt der Einfachheit halber am Anfang des großen Konfigurationsobjekts, das über config.set() an Karma übergeben wird. Die Position in diesem Objekt ist aber natürlich frei wählbar.

Lassen wir Karma nun erneut laufen und sehen, ob das Plugin die Lage verbessert:

```
$ karma start --single-run --browsers=Chrome
...
webpack: bundle is now VALID.
INFO [Chrome 40.0.2214 (Mac OS X 10.9.5)]: Connected on socket ↵
sqPSNfcGPMRiM_yH2K00 with id 91135817
Chrome 40.0.2214 (Mac OS X 10.9.5) list birthdays returns an array with ↵
one name when given a list of two persons, one having birthday today ↵
FAILED
        TypeError: undefined is not a function
            at Context.<anonymous> (./test/unit/list.js:61:38)
Chrome 40.0.2214 (Mac OS X 10.9.5) list birthdays calls hasBirthday for ↵
each person in the list and provides the birthday as argument FAILED
        TypeError: undefined is not a function
            at Context.<anonymous> (./test/unit/list.js:75:38)
Chrome 40.0.2214 (Mac OS X 10.9.5): Executed 6 of 6 (2 FAILED) (0.032 ↵
secs / 0.01 secs)
```

rewire() bereitet wohl keine Probleme mehr, und auch die Tests starten, denn die erste Testbeschreibung erscheint in der Ausgabe.

Allerdings folgt ein Stack-Trace mit der etwas unspezifischen Fehlermeldung TypeError: undefined is not a function.

8.6 Sinon.JS unter webpack

An diesem Punkt, einen Stack-Trace vor Augen, blickt der Entwickler üblicherweise in den Code, um festzustellen, wo das Problem liegen könnte. Der Fehler liegt hier in test/unit/list.js in Zeile 62. Der kurze Blick in die Datei zeigt aber: Diese hat nur 35 Zeilen...

Natürlich zeigt der Stack-Trace hier die Sicht des Browsers, und dieser bekommt ja die mit Hilfe von `webpack` vorverarbeiteten Bundles. Das aus `test/unit/list.js` generierte Bundle hat deutlich mehr Code-Zeilen als die ursprüngliche Datei.

Wie bekommt der Entwickler nun Zugriff auf diesen Code, um die Ursache des Problems herauszufinden? Bisher ist Karma immer kurz gelaufen und hat sich selbst beendet; ein Zugriff auf die an den Browser gelieferten Skript-Dateien ist so nicht möglich.

Ohne die Option `--single-run` beim Aufruf von Karma verhält sich der Test-Runner deutlich anders. Zwar ist die Ausgabe zunächst die gleiche, aber Karma beendet den Prozess nicht, und damit läuft auch der gestartete Browser weiter. Er sollte das Bild unter Abbildung 8.1 zeigen.

Abbildung 8.1:
Karma im Browser

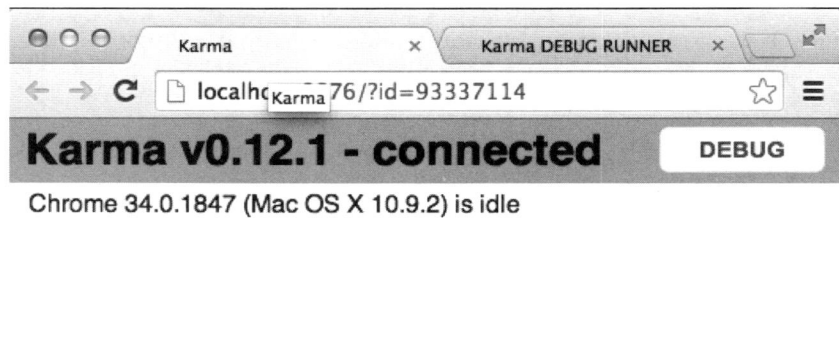

Der Browser zeigt die Karma-Version und die aktuell gebundenen Browser an. Zusätzlich gibt es oben rechts einen Button DEBUG. Über diesen gelangt man auf eine noch weiter reduzierte, nämlich weiße Seite. Aber es wäre kein Debug-Fenster, wenn die Seite wirklich leer wäre.

Den einzigen Inhalt bilden die geladenen Skript-Dateien. Alle Skripte, die der Karma-Testlauf nutzt, sind hier vorhanden. Ein Neuladen der Seite führt auch dazu, dass die Tests laufen. Allerdings werden die Ergebnisse aus dem Debug-Modus nicht an den Server und die Kommandozeile zurückgemeldet.

Die Debug-Seite lässt sich nun durch die Brille der üblichen Entwicklertools betrachten. Abbildung 8.2 zeigt eine aktive Debug-Session in den Chrome-Entwicklertools. Hier wurde ein Breakpoint auf die Zeile 62 des `test/unit/list.js`-Bundles gesetzt und die Debug-Seite neu geladen.

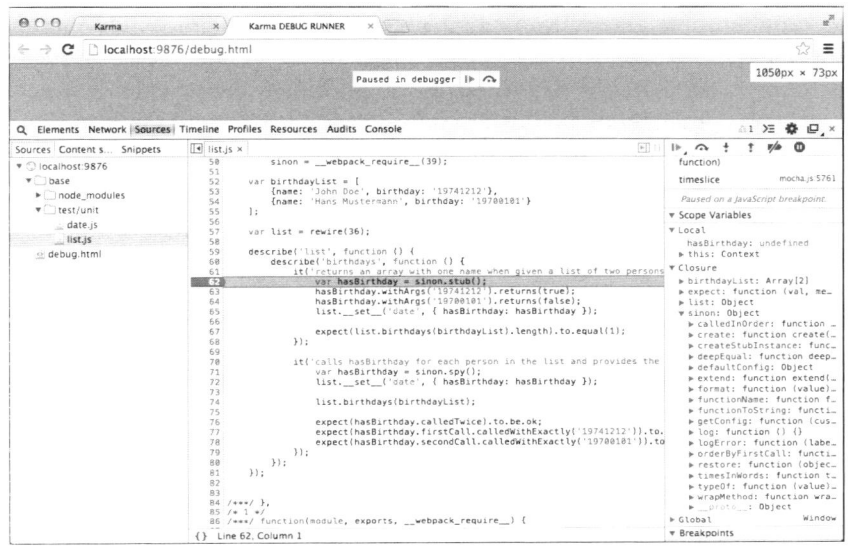

Abbildung 8.2:
Das Debuggen
der unter Karma
geladenen Skripte

Dadurch laufen die Tests erneut an, der Browser stoppt an der gewünschten Stelle. Noch ist der Fehler nicht aufgetreten, denn die Zeile `var hasBirthday = sinon.stub();` wurde noch nicht ausgeführt. Der oben beobachtete Fehler `TypeError: undefined is not a function` kann nur durch den Aufruf `sinon.stub()` verursacht worden sein, denn es gibt in der Zeile keine anderen Funktionsaufrufe.

Tatsächlich zeigt der Debugger an der rechten Seitenleiste unter den `Scope Variables` ein `sinon`-Objekt, das einige Attribute, aber keines mit Namen `stub`, beinhaltet. Entsprechend hat `sinon.stub` den Wert `undefined`, und `undefined` ist keine Funktion.

Sinon.JS verhält sich in dem durch webpack gepackten Bundle also offensichtlich anders als unter Node.js. Das ist jedoch weniger webpack als Sinon.JS anzulasten. Letztlich ist dies schlicht ein Bug in der AMD-Unterstützung des Sinon.JS-Pakets. Wer Sinon.JS über AMD (siehe Anhang C) laden möchte, bekommt offensichtlich nur die halbe Bibliothek zurück und scheitert bei den einfachsten Aufrufen. Leider versucht auch webpack Sinon.JS über den AMD-Weg zu laden und provoziert damit das beobachtete Problem.

Bisher haben die Maintainer von Sinon.JS dazu lediglich angekündigt, den Fehler in einer künftigen Version zu beheben und dann alle möglichen Modul-Formate zu unterstützen. Offenbar bleibt das Problem leider bis dahin bestehen und wird weiterhin Entwickler in die Irre führen.

Hier aber hat der Fehler einen Zweck erfüllt und uns einen Blick auf den Debug-Modus von Karma erlaubt. Aber wie lässt sich das Problem für das hier geschilderte Setup umgehen?

Sie können eine eigene Kopie des Sinon.JS-Pakets erstellen und diesen sogenannten „Fork" so lange pflegen, bis die Maintainer das Problem beseitigt haben. Die Versionspflege erfolgt, indem Sie gelegentlich den Fortschritt des eigentlichen Pakets einspielen, oder Sie ignorieren sämtliche Aktualisierungen und wechseln erst wieder zur offiziellen Version, wenn das Problem dort behoben ist. Beide Varianten sind nicht optimal.

Es gibt einen dritten Weg, mit dem Sie das originale Sinon.JS-Paket verwenden. Dazu müssen Sie webpack anweisen, dieses Paket anders zu behandeln. Weiter oben im rewire-Kontext hat webpack bereits Optionen entgegengenommen. Diese Konfiguration hat dann die Prozessierung der originalen Quelldateien modifiziert. Im rewire-Fall ging es darum, die rewire()-Funktion auf besondere Weise zu behandeln.

Hier ist gefordert, dass webpack ausschließlich die Sinon.JS-Bibliothek anders behandelt. Dafür kann man in der Option module als Unterpunkt eine Liste spezieller Lademodule (loaders) übergeben und jeweils festlegen, für welche Dateien diese zuständig sind:

```
webpack: {
    plugins: [
        new RewirePlugin()
    ],
    module: {
        loaders: [
            { test: /sinon.js$/, loader: 'imports?define=>false' }
        ]
    }
}
```

Die Liste umfasst einen einzelnen „Loader". Jeder Loader ist ein Konfigurationsobjekt, das hier ein Attribut test enthält; es bestimmt, bei welchen Dateien der Loader aktiv ist. Konkret ist das ein Regular-Expression-Test. Der Loader wird nur dann aktiv, wenn diese Regular Expression auf den Dateinamen passt. Das test-Attribut lautet /sinon.js$/. Das Zeichen / leitet die Regular Expression ein und beendet sie. Der eigentliche Inhalt der Regular Expression (sinon.js$) legt fest, dass passende Dateien mit sinon.js enden müssen. Das $ in der Regular Expression bezeichnet das Ende des Strings.

Damit passt der Loader offensichtlich nur auf den Einstiegspunkt der Sinon.JS-Bibliothek. Der Name des aktivierten Lademoduls ist dann im Attribut loader festgelegt, in unserem Fall ist hier das imports-Modul aktiviert. Es war weiter oben eines der Pakete, die initial installiert wurden (imports-loader). Der Teil nach dem ? ist vergleichbar zu normalen URLs als Query-Parameter gedacht. Er wird dem Lademodul als Parameter übergeben.

Was macht das `imports`-Modul aus der Angabe `define=>false`? Es wird beim Laden, Umschreiben und Zusammenpacken durch webpack eine kleine Modifikation an der Originaldatei vornehmen: Die Zeile `var define = false;` wird an den Anfang der Datei `sinon.js` geschrieben.

`define` ist die Funktion, die AMD verwendet, um Code in Module aufzuteilen. Sinon.JS versucht diese Funktion zu ermitteln. Ist die Funktion präsent, schaltet Sinon.JS in den defekten AMD-Modus, bei dem man nur die halbe Sinon.JS-Bibliothek zurückbekommt. Durch ein einfaches `var define = false;` im lokalen Skope der Sinon.JS-Bibliothek schaltet Sinon.JS in den Node.js-Modus und liefert die funktionierende Bibliothek zurück.

Mit diesem kleinen Trick läuft Karma das erste Mal erfolgreich durch die Browser-Tests:

```
INFO [karma]: Karma v0.12.31 server started at http://localhost:9876/
INFO [launcher]: Starting browser Chrome
INFO [launcher]: Starting browser Firefox
Hash: 8344a6c0a9b3c44a5636
Version: webpack 1.5.3
...
webpack: bundle is now VALID.
INFO [Chrome 40.0.2214 (Mac OS X 10.9.5)]: Connected on socket ↵
HFOOJHnTrTEVEQmx4YQU with id 48435475
Chrome 40.0.2214 (Mac OS X 10.9.5): Executed 6 of 6 SUCCESS (0.081 secs / ↵
0.029 secs)
Firefox 35.0.0 (Mac OS X 10.9): Executed 6 of 6 SUCCESS (0.019 secs / ↵
0.011 secs)
TOTAL: 12 SUCCESS
```

Damit ist für den Browser der gleiche Qualitätslevel wie unter Node.js erreicht. Da Karma auf den mit webpack bearbeiteten Quellen arbeitet, ist somit gesichert, dass diese Verfahrensweise in einem ordentlichen JavaScript-Paket für den Browser resultiert.

8.7 Karma mit Grunt verheiraten

Damit dieser Qualitätslevel auch eingehalten wird, muss der Karma-Testlauf natürlich immer mitlaufen, wenn der Code durch die Build-Chain läuft. Entsprechend sollte auch Karma automatisiert innerhalb von Grunt mitlaufen.

Oben wurde das notwendige Paket `grunt-karma` bereits installiert. Somit fehlt nur noch die Konfiguration in der Datei `Gruntfile.js`:

```
/* globals module */
module.exports = function (grunt) {
    'use strict';
```

```
    grunt.initConfig({
...
        karma: {
            unit: {
                configFile: 'karma.conf.js',
                singleRun: true
            }
        },
        watch: {
            files: '<%= path.lint %>',
            tasks: ['jshint', 'mochaTest:test', 'karma:unit']
        },
...
    grunt.loadNpmTasks('grunt-karma');
    grunt.loadNpmTasks('grunt-notify');

    grunt.registerTask('default', ↵
['jshint', 'mochaTest:test', 'karma:unit']);
```

Der Auszug zeigt an der Datei Gruntfile.js nur die notwendigen Änderungen, um das Karma-Plugin einzubinden.

Geladen wird das Grunt-Karma-Plugin über grunt.loadNpmTasks('grunt-karma'). Der Name der Konfigurationsoption für das grunt-karma-Plugin ist karma. Einmal mehr handelt es sich um eine Grunt-Multi-Aufgabe, die mehrere Unteraufgaben entgegennimmt. Hier ist nur eine Unteraufgabe unit festgelegt. Als Option genügt die Angabe des Pfades der Karma-Konfigurationsdatei (configFile: 'karma.conf.js'). Alle weiteren Angaben überschreiben dann die Werte aus dieser Konfigurationsdatei. Oben wird nur der Wert singleRun überschrieben, denn wenn sich Karma nicht beenden würde, fände auch der Grunt-Lauf kein Ende.

Darüber hinaus wurde die neue karma:unit-Aufgabe noch in die watch- und die default-Aufgabe aufgenommen (['jshint', 'mochaTest:test', 'karma:unit']). Damit wird nun auch Karma ausgeführt, wenn man Grunt im watch-Modus verwendet oder die Standard-Build-Chain default ausführt.

Die Build-Chain sichert nun ab, dass der Code der Bibliothek auch im Browser produktionsreife Qualität besitzt, und damit ist es an der Zeit, die Bibliothek – ähnlich wie unter Node.js über die Kommandozeile – in einer kleinen Web-Anwendung verfügbar zu machen.

Die Bibliothek im Browser

Nach den umfangreichen Vorarbeiten ist es endlich an der Zeit, unsere eigene kleine Bibliothek tatsächlich im Browser zu verwenden. Für die Sprache JavaScript ist das schließlich immer noch das Haupteinsatzszenario.

Um den Aufwand zu begrenzen, nutzen wir ein Framework für die Interaktion mit sowie das Rendering von HTML und setzen mit AngularJS auf eine der führenden Lösungen in diesem Bereich. Eine Alternative wäre das React-Framework von Facebook, aber ein entsprechender Versuch verlangte deutlich mehr Code als die AngularJS-Variante und hätte deutlich umfangreicherer Erklärungen bedurft. Auch für AngularJS können wir im Folgenden nur die grundlegenden Konzepte anreißen.

9.1 AngularJS installieren

Schon die Installation ist nicht ganz trivial. Natürlich können Sie das JavaScript-Paket von der Projekt-Webseite herunterladen[1] und in das aktuelle Projekt kopieren. Allerdings steht uns mit npm doch ein fabelhafter Paketmanager zur Verfügung.

Leider bietet sich npm nur begrenzt für das Management von Frontend-Bibliotheken an. Das Werkzeug heißt ja auch nicht umsonst „Node.js Package Manager", und die Fixierung auf Node.js verlangt einige Besonderheiten im Umgang mit den Paketen.

So kennt Node.js die Struktur, in der npm Pakete installiert. Entsprechend arbeitet die `require()`-Methode und sucht Quellcode nach dieser Vorgabe. Auch den Einstiegspunkt, der mit `main` in der Datei `package.json` festgelegt wird, berücksichtigt npm. Diese Operationen setzen aber voraus, dass die zu ladenden Pakete im CommonJS-Format geschrieben sind und `require()` unterstützen.

Die Art, wie `require()` die Pakete lädt, bedingt, dass zur Ausführung ein Paket in zwei Versionen nutzbar ist. Verschiedene Versionen derselben Bibliothek lassen sich im Browser aber nur schwer kombinieren.

All das verhindert nicht unbedingt, dass Entwickler auch Frontend-Pakete für npm packen. Der Code in diesen Paketen muss nicht CommonJS-kompatibel sein, und wenn er nur im Browser geladen werden soll, so kann er eben nur kein `require()` verwenden. Dennoch lässt sich das Paket samt Inhalt über `http://npmjs.org` verteilen.

Tatsächlich führte die Diskrepanz zwischen dem Ansatz von npm und der Realität von Paketen für den Browser dazu, dass weitere Werkzeuge zum Paketmanagement entstanden. In diesem Kapitel nutzen wir *Bower*, das bisher erfolgreichste Werkzeug zum Management von Frontend-Paketen, um AngularJS zu installieren. Bower kümmert sich explizit um Frontend-Bibliotheken und unterscheidet nicht zwischen JavaScript, CSS und HTML. Es trifft keine Annahmen darüber, wie die Dateien letztlich im Browser landen, aber es erlaubt Ihnen nicht, in einem Projekt verschiedene Versionen des gleichen Pakets zu verwenden.

Um Bower einzusetzen, müssen Sie ein letztes Mal npm bemühen, denn Bower ist eine in JavaScript geschriebene Anwendung, die unter Node.js läuft:

```
$ npm install bower
npm WARN package.json geburtstage@0.0.0 No README data
...
bower@1.3.12 node_modules/bower
```

---

[1] https://angularjs.org/

```
├── is-root@1.0.0
...
└── insight@0.4.3 (object-assign@1.0.0, async@0.9.0, chalk@0.5.1, ↵
lodash.debounce@2.4.1, os-name@1.0.3, tough-cookie@0.12.1, ↵
configstore@0.3.2, inquirer@0.6.0)
```

Nachdem npm eine Vielzahl von Abhängigkeiten installiert hat, folgt zuletzt auch Bower, das danach unter node_modules/bower verfügbar ist.

Wer Bower regelmäßig nutzt, sollte es global mit npm install -g bower installieren, schließlich wird der Code selten in einem Projekt via require() geladen, sondern nur als Kommandozeilen-Werkzeug eingesetzt.

Damit ist die Grundlage für die Installation von AngularJS gelegt. Statt npm install lautet das Kommando nun bower install:

```
$ node_modules/bower/bin/bower install angular
bower angular#*              not-cached git://github.com/angular/bower-
angular.git#*
bower angular#*                 resolve git://github.com/angular/bower-
angular.git#*
bower angular#*                download https://github.com/angular/bower-
angular/archive/v1.3.11.tar.gz
bower angular#*                 extract archive.tar.gz
bower angular#*                resolved git://github.com/angular/bower-
angular.git#1.3.11
bower angular#~1.3.11           install angular#1.3.11

angular#1.3.11 bower_components/angular
```

Da Bower in unserem Beispiel nur lokal installiert wurde, ist der Pfad zum Aufruf des Werkzeugs etwas länger als nach einer globalen Installation.

Die Verwendung von Bower selbst wird dieses Kapitel nicht weiter vertiefen. Das Werkzeug ist deutlich weniger komplex als npm und die Dokumentation der Kernfunktionen findet sich auf der Webseite.[2]

AngularJS wurde nun von Bower, wie aus der Ausgabe der Kommandozeile zu ersehen, in der Version 1.2.17 installiert. Das Paket befindet sich im Projekt unter dem Pfad bower_components/angular.

Dort liegt nun das für das Frontend vorbereitete JavaScript in verschiedenen Varianten:

```
$ tree bower_components/angular/
bower_components/angular/
├── README.md
├── angular-csp.css
├── angular.js
├── angular.min.js
├── angular.min.js.gzip
```

2   http://bower.io

```
├── angular.min.js.map
├── bower.json
└── package.json

0 directories, 8 files
```

Von Interesse sind hier die Datei `angular.js` und die minifizierte Version `angular.min.js`. Eine dieser Dateien ist in den Browser zu laden, um AngularJS verfügbar zu machen. Damit ist alles vorbereitet, um die eigentliche Web-Applikation zu schreiben.

Ein guter Startpunkt ist das für die Web-Applikation notwendige HTML. Da es im Rahmen dieses Kapitels nicht notwendig ist, mehr als nur eine einzelne HTML-Seite anzulegen, genügt eine simple Datei `index.html` im Wurzelverzeichnis. Bei einem größeren Projekt würde man die HTML-Dateien bzw. -Templates natürlich in einem eigenen Unterverzeichnis ablegen. So könnte `index.html` zu Beginn aussehen:

```html
<!DOCTYPE html>
<html lang="de" ng-app="birthdayApp">
  <head>
    <title>Geburtstage</title>
    <script src="bower_components/angular/angular.js"></script>
  </head>
  <body>
  </body>
</html>
```

Diese erste Version bietet wenig Spannendes. Es handelt sich um HTML5 (erkennbar am `<!DOCTYPE html>`), und der `<html>`-Tag enthält neben der Angabe der Seitensprache (`lang="de"`) das HTML-untypische Attribut `ng-app="birthdayApp"`, eine AngularJS-Direktive. Sie informiert die AngularJS-Bibliothek darüber, dass diese Webseite eine AngularJS-Applikation (hier mit dem Namen `birthdayApp`) ist. Das wird AngularJS zum Anlass nehmen, das komplette HTML auf weitere AngularJS-Tags zu untersuchen.

Der `<head>`-Bereich des HTML teilt dem Browser den Titel der Seite (`<title>Geburtstage</title>`) mit und weist ihn an, die AngularJS-Bibliothek mit `<script src="bower_components/angular/angular.js"></script>` zu laden. Die `<script>`-Direktive verweist auf den lokalen Pfad unter `bower_components`, was in einer Produktivumgebung auf einem Webserver vermutlich nicht so wäre. Für unsere Demo-Applikation reicht das aber aus.

Zum HTML gehört natürlich ein wenig auf AngularJS basierendes JavaScript, das wir der Einfachheit halber in der Datei `lib/angular.js` neben unseren anderen JavaScript-Modulen speichern:

```
/* global angular */

var birthdayApp = angular.module('birthdayApp', []);
```

Das JavaScript definiert noch nicht mehr als die eigentliche AngularJS-App. Sie wird mit `angular.module('birthdayApp', [])` erzeugt. Dabei entspricht der Name `birthdayApp` dem im HTML angegebenen `ng-app`-Attribut. Der zweite Parameter ist eine Liste weiterer AngularJS-Module, die geladen werden müssen, bevor das Modul funktioniert. Solche Abhängigkeiten gibt es für die Demo-Anwendung nicht, weshalb die Liste leer ist.

Die Variable `angular` wird für JSHint als `global` markiert, da der HTML-Code das AngularJS-Skript über einen einzelnen Skript-Tag zieht. Damit ist die Variable `angular` – unter der sich die AngularJS-API verbirgt – im Browser-Kontext global verfügbar.

Nun fehlt noch der Inhalt der Anwendung. Ähnlich wie im Kommando-zeilen-Beispiel soll die Anwendung eine Liste von Geburtstagen analysieren und anzeigen, wer heute Geburtstag hat. Dafür müssen Personen mit ihrem Geburtstag einzutragen sein; die entsprechende HTML-Seite könnte wie folgt aussehen:

```
<!DOCTYPE html>
<html lang="de" ng-app="birthdayApp">
  <head>
    <title>Geburtstage</title>
    <script src="bower_components/angular/angular.js"></script>
  </head>
  <body ng-controller="BirthdayListCtrl">
    <input type="text" ng-model="name" placeholder="Name"/>
    <input type="date" ng-model="birthday"/>
    <button ng-click="newBirthday()">Eintragen</button>
  </body>
</html>
```

Der `<body>`-Tag trägt nun ein AngularJS-Attribut: `ng-controller="BirthdayListCtrl"`. Wie das auf der JavaScript-Seite verwendet wird, sehen wir gleich.

Innerhalb des `<body>`-Tags tauchen nun zwei Eingabefelder (`<input>`) auf. Das erste ist vom Typ text (`type="text"`) und hat den Platzhalter Name (`placeholder="Name"`). AngularJS-spezifisch ist das Attribut `ng-model="name"`, das den Wert des Eingabefeldes für die JavaScript-Seite verfügbar macht – dazu später mehr.

Das zweite Eingabefeld erwartet ein Datum (`type="date"`) und verknüpft dieses für AngularJS mit `ng-model="birthday"`.

Zu guter Letzt folgt ein Knopf (`<button>`) mit der Aufschrift Eintragen. Auch hier gibt es eine AngularJS-spezifische Verknüpfung: Das Attribut

ng-click="newBirthday()" legt fest, dass bei einem Klick die Funktion
newBirthday() aufgerufen wird.

Wie sieht nun die JavaScript-Seite für diese neuen Elemente aus?

```
/* global angular */

var birthdayApp = angular.module('birthdayApp', []);

birthdayApp.controller('BirthdayListCtrl', function ($scope) {
    'use strict';
    $scope.allBirthdays = [];

    $scope.newBirthday = function() {
        $scope.allBirthdays = $scope.allBirthdays.concat([
            {name: $scope.name, birthday: $scope.birthday}
        ]);

        $scope.name = '';
        $scope.birthday = '';
    };
});
```

Das Attribut ng-controller="BirthdayListCtrl" am <body>-Tag legt
einen AngularJS-Controller fest, der auf JavaScript-Seite mit birth-
dayApp.controller('BirthdayListCtrl', function ($scope) {...}
eingeleitet wird.

Das erste Argument repräsentiert den Namen des Controllers (hier
'BirthdayListCtrl'); er muss mit der Angabe im ng-controller-Attri-
but im HTML übereinstimmen. Der zweite Parameter ist eine Funktion,
die den Controller initialisiert.

Diese Funktion erhält von AngularJS die Variable $scope, die den Status
und die Elemente des Controllers repräsentiert.

Im Code wird innerhalb dieser Controller-Funktion zunächst eine Liste
von Geburtstagen leer initialisiert: $scope.allBirthdays = [].

Dann folgt nur noch die Funktion $scope.newBirthday(), die aufgeru-
fen wird, wenn der Benutzer den Button Eintragen klickt. Dadurch, dass
die Funktion an den $scope gebunden wird, steht sie innerhalb des
HTML für den Aufruf via ng-click="newBirthday()" zur Verfügung.

Sobald der Nutzer klickt, fügt die Funktion newBirthday() einen neuen
Eintrag zu der Liste der Geburtstage hinzu. Dazu wird die Liste mit der
ursprünglichen Liste plus ein neues Element überschrieben ($sco-
pe.allBirthdays = $scope.allBirthdays.concat(...)). Das neue
Element wird in der Zeile {name: $scope.name, birthday: $sco-
pe.birthday} aufgebaut. An die Werte gelangt das neue Element, indem
es via $scope.name und $scope.birthday auf die mit ng-model="name"

bzw. ng-model="birthday" markierten Werte in den Eingabefeldern zurückgreift. Das neue Element sollte bezüglich des Formats schon an das im Kommandozeilenwerkzeug verwendete Format erinnern.

Sobald das neue Element angehängt wurde, sind nur noch die beiden Eingabefelder zu leeren und damit für den nächsten Eintrag bereitzumachen. Das geschieht mit den Zuweisungen $scope.name = '' und $scope.birthday = '', die jeweils das mit dem Attribut ng-model gebundene Eingabefeld leeren.

Nun fehlt nur noch die Anzeige der Personen, die heute Geburtstag haben, und diesmal erhält die JavaScript-Seite den Vortritt:

```
/* global angular, require */
var list = require('./list');

var birthdayApp = angular.module('birthdayApp', []);

birthdayApp.controller('BirthdayListCtrl', function ($scope) {
    'use strict';
    $scope.allBirthdays = [];
    $scope.birthdays = [];

    $scope.newBirthday = function() {
        $scope.allBirthdays = $scope.allBirthdays.concat([
            {name: $scope.name, birthday: $scope.birthday}
        ]);
        $scope.name = '';
        $scope.birthday = '';

        $scope.birthdays = list.birthdays($scope.allBirthdays);
    };
});
```

Es sind nur wenige Zeilen hinzugekommen. Zunächst wird das wohlbekannte list-Modul via var list = require('./list') geladen. Der require()-Aufruf mag verwundern, da der Code für den Browser bestimmt ist und require() damit eigentlich fehlen sollte. Wie mit diesem Funktionsaufruf umgegangen wird, beschreibt der nächste Abschnitt genauer.

Außerdem wird für den Controller BirthdayListCtrl eine neue Variable im Scope angelegt: $scope.birthdays = []. Diese Liste repräsentiert alle Personen, die heute Geburtstag haben.

Der Wert dieser Liste wird ermittelt, indem die Methode list.birthdays() die gesamte Liste der bekannten Geburtstage in der Zeile $scope.birthdays = list.birthdays($scope.allBirthdays) filtert. Diese Code-Zeile bildet damit die Schnittstelle zwischen der Kernbibliothek und der browserspezifischen Schicht.

Sobald die Liste der Geburtstagskinder vorliegt und an $scope gebunden wurde, lässt sie sich im Frontend anzeigen:

```
<!DOCTYPE html>
<html lang="de" ng-app="birthdayApp">
  <head>
    <title>Geburtstage</title>
    <script src="bower_components/angular/angular.js"></script>
  </head>
  <body ng-controller="BirthdayListCtrl">
    <input type="text" ng-model="name" placeholder="Name"/>
    <input type="date" ng-model="birthday"/>
    <button ng-click="newBirthday()">Eintragen</button>
    <ul>
      <li ng-repeat="birthday in birthdays">
        {{birthday}} hat heute Geburtstag. Kaufe ein Geschenk!
      </li>
    </ul>
  </body>
</html>
```

Hinzugekommen ist hier im `<body>` eine Liste `<ul>`. Diese erhält je ein Listen-Element (`<li>`) für jeden Eintrag in der Liste `$scope.birthday`: `<li ng-repeat="birthday in birthdays">`. `ng-repeat` läuft durch die Liste der Leute, die heute Geburtstag haben (`$scope.birthdays`), und macht einen einzelnen Wert über die Variable `birthday` verfügbar (`birthday in birthdays`).

Die Variable `birthday` wird dann für den Inhalt des Listen-Eintrags verwendet. Hier wird mit `{{birthday}}` hat heute Geburtstag. ausgegeben, wer denn heute Geburtstag hat. Da `list.birthdays()` eine Namensliste der Personen zurückgibt, die heute Geburtstag haben, und diese Liste `$scope.birthdays` zugewiesen wird, enthält `birthday` jeweils den Namen eines Geburtstagskindes.

9.2 HTML und JavaScript verknüpfen

Nun fehlt nur noch eins: die Kombination von HTML und JavaScript. Neben dem AngularJS-Skript benötigen wir drei weitere JavaScript-Dateien im Browser: `lib/date.js`, `lib/list.js` und `lib/angular.js`. Alle drei nutzen aber `require()`, und sowohl das `date`- als auch das `list`-Modul verwenden die CommonJS-typische `module.exports`-Variante, um ihre API nach außen zu transportieren. Das wird allerdings im Browser nicht funktionieren.

Kapitel 8 hat sich nicht nur wegen Karma um webpack gekümmert; das Werkzeug ist auch in der Lage, die oben genannten Code-Dateien für den Browser umzuschreiben.

Natürlich wollen wir diese Konvertierung automatisieren. Es bietet sich an, diesen Schritt als weitere Grunt-Aufgabe hinzuzufügen. Dafür fehlt aber noch ein letztes Hilfsmittel: Das Paket `grunt-webpack` als Brücke zwischen Grunt und webpack.

Es ist also Zeit für einen letzten Eintrag in der Datei `package.json`:

```
"devDependencies": {
    ...,
    "grunt-webpack": "1.0.8",
    ...
}
```

Nach einem `npm install` steht dann auch dieses Paket zur Verfügung.

9.3 grunt-webpack konfigurieren

Es fehlen noch einige Einträge in die Datei `Gruntfile.js`, um den zusätzlichen Schritt zu aktivieren. Zum einen muss das zusätzliche Grunt-Plugin `grunt-webpack` geladen werden:

```
grunt.loadNpmTasks('grunt-webpack');
```

Darüber hinaus muss es eine Konfiguration für dieses Plugin geben:

```
webpack: {
    birthdays: {
        output: {
            path: './build/',
            filename: 'birthdays.js'
        },
        entry: './lib/angular.js'
    }
}
```

Das Plugin `grunt-webpack` ist wieder ein „MultiTask", das mehrere Konfigurationen entgegennehmen kann. Hier genügt wieder eine Angabe: `birthdays`. Das Unterobjekt enthält die Konfiguration für das Erstellen der Zieldatei `build/birthdays.js`. Das Ziel ist mit der Konfiguration `output` festgelegt. Letztere enthält das Zielverzeichnis unter `path` und den Zieldateinamen unter `filename`.

Schließlich folgt der eigentliche Einstiegspunkt für webpack unter `entry`. Mit dieser Datei wird webpack beginnen und sich anhand der `require()`-Aufrufe zu den weiteren Dateien durcharbeiten.

Damit können wir die Aufgabe einmal testen:

```
$ grunt webpack
Running "webpack:birthdays" (webpack) task
```

```
Version: webpack 1.1.8
      Asset  Size  Chunks           Chunk Names
birthdays.js  3387      0 [emitted]  main

Done, without errors.
```

webpack sollte die Aufgabe erfolgreich abschließen und die Datei build/
birthdays.js anlegen. Sie enthält alle drei Module (angular.js,
list.js und date.js).

Abschließend fügen wir die webpack-Aufgabe zum default-Task hinzu:

```
    grunt.registerTask('default', ↵
['jshint', 'mochaTest:test', 'karma:unit', 'webpack']);
```

Damit läuft die Paketierung immer, nachdem alle anderen Tests erfolgreich durchlaufen sind.

Im Normalfall würde man die resultierende Datei build/birthdays.js
natürlich noch minifizieren, aber für unsere kleine Demo-Anwendung
verzichten wir darauf.

Die neue JavaScript-Datei build/birthdays.js kann dem oben erstell-
ten HTML direkt hinzugefügt werden, damit der Browser auch dieses
Skript lädt:

```
<!DOCTYPE html>
<html lang="de" ng-app="birthdayApp">
  <head>
    <title>Geburtstage</title>
    <script src="bower_components/angular/angular.js"></script>
    <script src="build/birthdays.js"></script>
  </head>
...
```

Nun bleibt uns nur noch, die lokal erstellte Datei index.html in den
Browser zu laden. Das sollte wie in Abbildung 9.1 sehr spartanisch aussehen und nur die beiden Eingabefelder präsentieren.

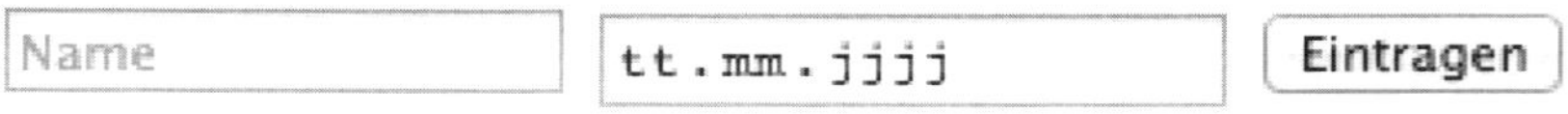

Abbildung 9.1:
Die Demo-
Anwendung im
Browser

Nach Eingabe eines Namens, eines Datums und Klick auf Eintragen
(Abbildung 9.2) sollte, wenn Monat und Tag mit dem aktuellen Datum
übereinstimmen, die Applikation das Geburtstagskind nennen (Abbildung 9.3).

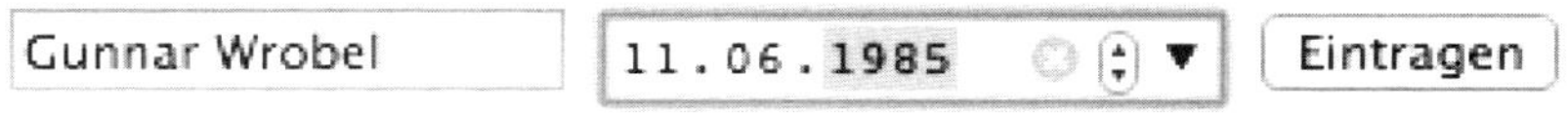

| Gunnar Wrobel | 11.06.1985 ⊘ ⊕ ▼ | Eintragen |

Abbildung 9.2:
Ein Geburtstags-
kind wird einge-
tragen

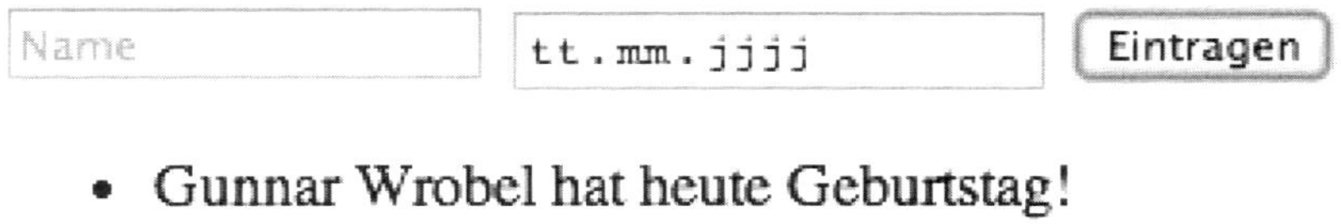

| Name | tt.mm.jjjj | Eintragen |

Abbildung 9.3:
Jemand hat heu-
te Geburtstag

- **Gunnar Wrobel hat heute Geburtstag!**

Auch wenn unsere Anwendung kaum für die Praxis taugt, das Ziel ist erreicht: Es ist eine saubere Entwicklungsumgebung entstanden, in der wir umgebungsunabhängigen Code testgetrieben schreiben können. Dieser Code lässt sich in der Node.js-Umgebung genauso wie in verschiedenen Browsern zum Laufen bringen. Sowohl unter Node.js als auch im Browser läuft die Test-Suite einwandfrei.

Damit ist der Weg frei für Ihre qualitativ hochwertigen JavaScript-Projekte.

Teil I

Anhang

Details der JSHint-Konfiguration

Zahlreiche Optionen steuern bei Bedarf die Arbeit von JSHint und erlauben eine sehr filigrane Behandlung von JavaScript-Besonderheiten im Code.

A.1 JSHint aktualisieren

In Kapitel 3 sind wir auf der Version 2.4.4 von JSHint stehengeblieben, doch im Januar 2015 erschien bereits Version 2.6.0. Der folgende Überblick über die JSHint-Optionen bezieht sich auf diese Version, so dass wir die Versionsangabe in der Datei package.json anpassen müssen:

```
"devDependencies": {
    ...,
    "jshint": "2.6.0",
    ...
}
```

Nach einem erneuten npm install ist JSHint aktualisiert. Ein Aufruf von grunt sollte dann überprüfen, ob der bisher geschriebene Quelltext auch aus Sicht von JSHint 2.6.0 in Ordnung ist:

```
$ grunt jshint
Running "jshint:files" (jshint) task
>> 7 files lint free.

Done, without errors.
```

A.2 Die Optionen von JSHint 2.6.0

In Kapitel 3 haben wir eine sehr strikte JSHint-Konfiguration für das Bei-
spielprojekt gewählt und sind nur auf wenige Optionen eingegangen.
Ein solches Vorgehen ist zwar möglich, führt aber rasch dazu, dass neuer
Code mit JSHint in Konflikt gerät. Dieser Anhang liefert die notwendige
Referenz, um einen tieferen Einblick in die Fehlermeldungen bzw.
Mechanismen hinter den Prüfungen zu bekommen und flexibler darauf
zu reagieren. Darüber hinaus illustriert der gesamte Satz an Optionen
zahlreiche Eigenheiten der Programmiersprache JavaScript.

A.2.1 Die verstärkenden Optionen

JSHint kennt, wie bereits in Kapitel 3 beschrieben, verstärkende und
lockernde Optionen. Verstärkende Optionen sind solche, die eine Prüfung aktivieren (z. B. bitwise: true). Die folgenden Abschnitte
beschreiben diese verstärkenden Optionen, mit denen sich die JSHint-
Prüfung rigider gestalten lässt.

bitwise

bitwise: true führt dazu, dass JSHint bei der Verwendung von bitweise
arbeitenden Operatoren – wie | (OR), ^ (XOR) oder & (AND) – eine War-
nung ausgibt. Eine durchaus sinnvolle Warnung, denn häufig stellt die
einfache Verwendung von & einen Fehler dar, und die gewünschte Operation wäre das doppelte, nicht bitweise arbeitende && gewesen. Solche
Tippfehler führen nicht zwingend zu Fehlern, denn mit booleschen Werten funktioniert alles wie erwartet:

```
$ node
> true & false
0
> true & true
1
```

Operiert man dagegen mit Zahlen, können die Operationen deutlich
voneinander abweichen:

```
$ node
> 2 & 4
```

```
0
> 2 && 4
4
```

Sollte der Code wirklich einmal bitweise arbeiten, ist es ein Leichtes, die Option bitwise: false spezifisch für eine entsprechende Datei oder auch zeilenweise mit /* jshint -W016 */ zu deaktivieren und darunter mit /* jshint +W016 */ wieder zu aktivieren.

camelcase

Die Option camelcase: true erzwingt die Verwendung von CamelCase (also z.B. meineVariableMitDemLangenNamen) oder Großbuchstaben mit Unterstrich als Trenner (also z.B. KONSTANTE_MIT_LANGEM_NAMEN) für die Benennung von Variablen. Normale Variablen sollten CamelCase verwenden, Variablen mit konstanten Werten Großbuchstaben.

Diese Regel sorgt für eine bessere Lesbarkeit des Codes, wird aber nicht helfen, Fehler zu vermeiden. Bei aktivierter Regel können Sie sie zeilenweise mit /* jshint -W106 */ deaktivieren.

curly

curly: true zwingt dazu, Schleifen und Konditionen in geschweifte Klammern zu setzen. Das vermeidet Fehler, denn auch wenn die Einrückung im folgenden Beispiel suggeriert, dass console.log(a) nur ausgeführt wird, wenn print === true, so stimmt das natürlich nicht, und console.log(a) wird immer durchlaufen:

```
if (print === true)
    done = true;
    console.log(a);
```

curly: true führt dazu, dass JSHint nur dann zufrieden ist, wenn die geschweiften Klammern gesetzt sind:

```
if (print === true) {
    done = true;
    console.log(a);
}
```

Zeilengenaue Ausnahmen von dieser Regel treffen Sie mit /* jshint -W116 */.

enforceall

enforceall repräsentiert keine eigene Regel, sondern aktiviert alle verstärkenden und deaktiviert alle lockernden Optionen gleichzeitig. Das minimiert den Schreibaufwand für die Konfigurationsdatei, bedingt aber natürlich auch, dass neuere Regelsätze nach einer JSHint-Aktualisierung automatisch aktiviert werden.

Letzteres hat – verbunden mit dem Fehler bei der nocomma-Option (siehe dort) – dazu geführt, dass die Option bis auf Weiteres nicht einsetzbar ist.

eqeqeq

Die Option eqeqeq verbietet generell die Verwendung von == und !=. Erlaubt sind Vergleiche dann nur mit === und !==. Die Operatoren == und != nehmen – falls benötigt – Typkonvertierungen der zu vergleichenden Operanden vor. Das Resultat:

```
$node
> '0' == false
true
```

Das kann durchaus beabsichtigt sein, ist in den meisten Fällen aber einfach ein Tippfehler. Deshalb ist die Variante eqeqeq: true zu empfehlen. Wer dennoch einmal == oder != verwenden möchte, deaktiviert die Überprüfung mit /* jshint - W116 */ zeilenweise.

es3

Der einzige Effekt der Option es3: true ist die Überprüfung von parseInt()-Aufrufen. In der älteren ECMAScript-Spezifikation und damit auch in älteren Browsern (z.B. bis Internet Explorer 9) wird automatisch zur Basis 8 konvertiert, wenn die Eingabe mit 0 beginnt. So ergibt parseInt('011') die Zahl 9, während nach ECMAScript 5 sowohl Node.js als auch neuere Browser die Zahl 11 zurückgeben. Wer den Internet Explorer 9 unterstützen möchte, sollte auch diese Option aktivieren, damit es nicht zu Problemen beim Umwandeln von Benutzereingaben oder anderen Werten kommt.

Ist es3 gesetzt, wird allerdings automatisch die Unterstützung für ECMAScript 5 deaktiviert und JSHint moniert Code-Segmente, die nur in ECMAScript Version 5 valide wären.

Die parseInt-Warnung können Sie zeilenweise deaktivieren. Der Code lautet W065. Wer die Überprüfung aktiviert hat, sollte jedoch keinen Grund haben, für diese Regel Ausnahmen zu formulieren.

es5

Die Option es5 repräsentiert die Unterstützung für ECMAScript 5 und ist mittlerweile der Standard. Die Option ist damit obsolet und dürfte demnächst entfernt werden. Wird es5: true gesetzt, meldet sich JSHint jedenfalls schon mit der Information, dass es5 Default ist.

Die Unterstützung von ECMAScript 5 kann nur entfernt werden, indem es3: true gesetzt wird (s.o.).

forin

Die Option forin: true zwingt Sie dazu, in einer Schleife, die durch die Attribute eines Objekts iteriert, zu überprüfen, ob das jeweilige Attribut wirklich zum Objekt gehört und nicht über die Prototypkette vererbt wurde.

Das Problem lässt sich gut mit drei Zeilen in Node.js veranschaulichen:

```
$node
> a = [1]
> Array.prototype.each = function () {}
> for (x in a) console.log(x)
0
each
```

Statt hier nur den ersten Key des Arrays (0) auszugeben, hat a darüber hinaus die Funktion each vom Array-Prototyp geerbt, und diese wird ebenfalls ausgegeben. Dieses Verhalten ist aber üblicherweise nicht gewünscht und führt zu Fehlern. Die korrekte Variante verwendet die Objektmethode hasOwnProperty() und sieht so aus:

```
$node
> a = [1]
> Array.prototype.each = function () {}
> for (x in a) {
>     if (a.hasOwnProperty(x)) {
>         console.log(x);
>     }
> }
0
```

Wer doch einmal auf alle Eigenschaften eines Objekts zugreifen möchte, klammert den Code W089 für die entsprechende Schleife aus.

freeze

Die Option freeze: true erlaubt keine Erweiterung nativer JavaScript-Objekte wie Array oder Date. Natürlich werden solche Erweiterungen in manchen Frameworks sehr effektiv genutzt und sind auch als sogenannte *Polyfills* wichtig. Letztere erweitern ältere Browser um Funktionen, die neuere Browser schon mitbringen (z.B. `Date.now()`, das im Internet Explorer 8 nicht zur Verfügung steht).

Dennoch ist das die Ausnahme und sollte eher vermieden werden. Ist die Regel einmal aktiviert, lässt sie sich zeilenweise mit `/* jshint -W121 */` ausschalten.

funcscope

Weiter unten kümmert sich `latedef` um die Form der Variablendeklaration. Mit der Option `latedef: true` verlangt der Entwickler von sich selbst, dass er Variablen grundsätzlich mit `var` deklariert, wenn er sie im Code verwendet. Das erlaubt aber auch folgende, potentiell verwirrende Schreibweise:

```
function test() {
    if (false) {
        var a = 1;
    }
    return a + 1;
}
console.log(test());
```

Die Variable `a` wird innerhalb des `if`-Blocks deklariert, aber außerhalb dieses Blocks verwendet. Durch das Konzept des *Hoisting* (das ebenfalls unter `latedef` beleuchtet wird) ist die Variable damit aber automatisch innerhalb der gesamten Funktion definiert – allerdings ohne die initiale Wertzuweisung `a = 1`. Diese würde nur im `if`-Block erfolgen. Der Interpreter liefert beim Durchlaufen des obigen Codes die Ausgabe `NaN`.

Wer sehr bewusst mit der Variablendeklaration in JavaScript umgeht, den mag die obige Konstruktion nicht stören. Aber im Normalfall ist diese Form nicht beabsichtigt, und es ist ist durchaus sinnvoll, dass JSHint eine `W038` ausgibt.

globals

Die `globals`-Option haben wir schon in Kapitel 3 kennengelernt. Es ist die einzige JSHint-Option, die ein Objekt als Wert entgegennimmt. Die Attributnamen in diesem Objekt bezeichnen die Variablen, die JSHint als bereits definierte, globale Variablen annehmen soll. Ist gleichzeitig die Option `undef: true` aktiviert, so wird JSHint bei den so benannten Variablen eine Ausnahme machen und sich nicht beschweren, wenn diese nicht innerhalb des Code mit Hilfe von `var` definiert wurden.

Das Objekt, das globals als Wert übergeben wird, kann den einzelnen Attributen den Wert true oder false zuweisen:

```
"globals": {
  "module":      true,
  "require":     false
},
```

true identifiziert Variablen, die sowohl gelesen als auch beschrieben werden dürfen. false markiert die Variablen, bei denen nur ein Lese-Zugriff gestattet ist.

globalstrict

Für das Verständnis der Option globalstrict ist es hilfreich, sich die später in diesem Kapitel beschriebene, lockernde Option strict bzw. die Wirkungsweise des dort beschriebenen use strict klar zu machen. Den Einsatz von 'use strict'; beschreibt der strict-Abschnitt als generell sinnvoll. In einer Datei mit mehreren Funktionen mag das aber auch ermüdend werden, schließlich muss jede Funktion im äußeren Scope mit diesem Statement eingeleitet werden:

```
/* jshint strict: true */
function a() {
    'use strict';
    var x = 1;
}
function b() {
    'use strict';
    var y = 2;
}
```

Das Statement 'use strict'; gilt sowohl für den enthaltenden, aber auch jeden darunterliegenden Scope. Statt also jede Funktion mit dem Statement zu versehen, könnte man auch auf die Idee kommen, sich die Arbeit zu vereinfachen und das Statement einmalig im globalen Scope zu setzen:

```
/* jshint strict: true */
'use strict';
function a() {
    var x = 1;
}
function b() {
    var y = 2;
}
```

Das klingt gut, wird auch in Node.js funktionieren, aber JSHint beschwert sich bei aktivierter Option strict mit der Warnung W097:

```
$ ./node_modules/jshint/bin/jshint --verbose --reporter node_modules/
jshint-stylish/stylish.js jshint.js

jshint.js
  line 2  col 1  Use the function form of "use strict".  (W097)

✗ 1 problem
```

Wo liegt nun das Problem? Den globalen Scope gibt es im Browser nur einmal und jeglicher Code, der in den Browser geladen wird, leitet sich von diesem Scope ab. Da `'use strict';` für den enthaltenden sowie jeden darunterliegenden Scope gilt, gilt der Strict-Mode im Browser automatisch für den gesamten Code. Das ist dann in Ordnung, wenn jeglicher Code dem Strict-Mode genügt. Allzu oft werden aber externe Bibliotheken eingebunden, die genau das nicht tun. Und in diesem Fall hat ein `'use strict';` im globalen Scope des eigenen Codes eine verheerende Wirkung auf die anderen Code-Segmente.

immed

Angenommen, ein Code-Segment enthält folgenden Code-Block:

```
var a = function () {
    return 'A';
}();
```

Bei diesem Code ist nur ganz am Ende der Funktionsdefinition zu sehen, dass es sich um eine sogenannte *Immediate Function* handelt, die sofort ausgeführt wird. Das auf die geschweifte Klammer als Abschluss der Funktionsdefinition folgende Klammerpaar () führt die definierte Funktion sofort aus. Gerade wenn die Funktionsdefinition deutlich länger ist als im obigen Beispiel, wird der Leser des Codes vermuten, dass der Variablen a eine Funktion zugewiesen wird und nicht das Resultat des Funktionsaufrufs.

Die JSHint-Option immed zwingt den Entwickler dazu, die Funktionsdefinition oder den kompletten Funktionsaufruf in Klammern zu kapseln. Die folgenden beiden Varianten werden akzeptiert:

```
var a = (function () {
    return 'A';
})();
```

oder

```
var a = (function () {
    return 'A';
}());
```

Wichtig ist die erste Klammer, die dem Leser anzeigt, dass hier keine Funktion zugewiesen wird, sondern der aus dem Funktionsaufruf resultierende Wert. Die Option hat also eine rein optische Verbesserung zum Ziel – Fehler vermeidet sie nicht.

Ist immed: true, hat der resultierende Fehler – wenn die Klammern bei einem direkten Funktionsaufruf fehlen – den Code W062. Sollte der Entwickler Klammern bei einer einfachen Funktionsdefinition ohne anschließenden Funktionsaufruf setzen, so meldet sich JSHint mit dem Code W068.

indent

Die Option indent dient allein der Stilistik und akzeptiert keinen booleschen, sondern erwartet einen Integer-Wert: Die Option indent legt die Anzahl der Leerzeichen für die Zeileneinrückung fest. Allerdings ist die Prüfung der korrekten Einrückung auf das Werkzeug JSCS (siehe Anhang B) übertragen, und der JSHint-Code selbst wirkt so, als ob indent keine Auswirkung innerhalb von JSHint mehr hätte. Die Option soll künftig wegfallen,[1] so dass Sie sie am besten ignorieren.

iterator

Der Firefox Browser hat sich frühzeitig um Iteratoren gekümmert. Sie haben es – wie auch in anderen Programmiersprachen – erlaubt, ein beliebiges Objekt mit einem Iterator auszustatten, so dass mit Hilfe der next()-Funktion bzw. mit einer for-Schleife über dieses Objekt iteriert werden konnte. Dafür hatte der JavaScript-Interpreter des Firefox die Eigenschaft __iterator__ eines Objekts definiert.

Mittlerweile aber hat die Version 6 von ECMAScript eine andere Syntax für JavaScript-Iteratoren etabliert. Die Firefox-Variante ist damit obsolet und sollte nicht mehr verwendet werden. Mit iterator: true wird sich JSHint mit der Warnung W104 bemerkbar machen, wenn es über einen Verweis auf __iterator__ stolpert.

latedef

Die Option latedef: true zwingt den Enwickler dazu, Variablen grundsätzlich zu deklarieren, bevor sie zum Einsatz kommen. JavaScript verlangt dies nicht, denn unabhängig vom Ort der Variablendeklaration wird die Deklaration beim Parsing vom Interpreter ohnehin an den

---

1   https://github.com/jshint/jshint/issues/1873

Anfang des Scope gezogen. Schreibt man innerhalb einer Funktion an das Ende der Funktionsdefinition die Zuweisung `var x = 1;`, wird der Interpreter das in einen Teil `var x;` und einen zweiten Teil `x = 1;` aufteilen.

Der erste Teil – die Variablendeklaration – greift dann sofort beim Einstieg in die Funktion, während der zweite Teil – die Wertzuweisung – erst an der Stelle erfolgt, an der der Code ursprünglich stand. Somit ist der Ort der Variablendeklaration für den Interpreter völlig egal. Auch Funktionsnamen werden als Variablendeklaration in gleicher Weise an den Beginn des Scopes gezogen. Das Verfahren nennt sich *Hoisting*.

Das kann allerdings zum bösen Fallstrick werden:[2]

```
var a = "old value";

function changeTheValueOfA() {
    a = "new value";
    return;

    function a() {}
}
changeTheValueOfA();
console.log(a);
```

Da die Funktion `changeTheValueOfA()` eine Funktion a definiert, wird die Variable a am Beginn der Funktion `changeTheValueOfA()` deklariert. Damit existiert innerhalb der Funktion eine eigene Variable a, die vom a im äußeren Scope getrennt behandelt wird. Hierdurch liefert der Code die Ausgabe `old value`, da a im äußeren Scope (in dem auch `console.log(a)` steht) durch den Aufruf von `changeTheValueOfA()` nicht modifiziert wird.

Sobald die Zeile `function a() {}` fehlt, ändert sich die Ausgabe in `new value`.

Natürlich ist das Beispiel etwas konstruiert, aber bei längeren Funktionen können solche Situationen durchaus auftreten, und die daraus resultierenden Fehler sind schwer zu finden. Daher sollte die Option `latedef: true` gesetzt sein.

Es gibt noch eine abgeschwächte Version der Option, und zwar `latedef: "nofunc"`. Dann akzeptiert JSHint, wenn Funktionen vor ihrer eigentlichen Deklaration verwendet werden. Mancher möchte die Hilfsfunktionen vielleicht lieber an das Ende des Codes stellen, damit die relevante Funktionalität am Anfang zu sehen ist.

---

2 Das Beispiel stammt aus einem Blog-Post: http://blog.caplin.com/2012/01/18/javascript-is-hard-part-2-the-hidden-world-of-hoisting/

Allerdings erlaubt diese Option auch die oben dargestellte Konstruktion und schließt damit nicht alle Probleme aus. Da es andere Wege gibt, Code übersichtlich zu strukturieren, sollte `latedef: true` die bevorzugte Variante sein.

Wer ausnahmsweise eine Variable verwenden möchte bevor er sie deklariert, hat diese Möglichkeit mit der Direktive `/* jshint -W003 */`. Für die späte Funktionsdefinition muss die Warnung `W026` deaktiviert werden.

maxcomplexity

Sie können mit JSHint eine Obergrenze einrichten: das Maximum der zyklomatischen Komplexität. Dieser Wert beziffert die Anzahl an Pfaden, die innerhalb einer Funktion durchlaufen werden. So eröffnet jede `if`-Anweisung zwei mögliche Pfade, durch den Code zu laufen. Zwei `if`-Anweisungen in einer Funktion führen zu vier möglichen Pfaden. Je mehr solcher Verzweigungen in eine Funktion gepackt werden, desto schwerer ist die Funktion zu verstehen. Wer diese Begrenzung nutzen will, dem sei ein Wert von 10 empfohlen. Lokal lässt sich die Überprüfung mit `/* jshint -W074 */` deaktivieren.

maxdepth

Funktionen können auch dann unübersichtlich werden, wenn sie beliebig tief verschachtelt sind, also z.B. `for`-Schleifen, die `if`-Blöcke enthalten und selbst wiederum in `if`-Blöcke gepackt werden. Die Tiefe solcher Verschachtelungen begrenzt JSHint auf einen bestimmten Wert, wenn dieser mit der Option `maxdepth` gesetzt wird. Auch diese Option nimmt einen Integer-Wert entgegen.

Der folgende – völlig nutzlose Code-Block – wird aufgrund der zu tiefen Verschachtelung moniert:

```
/* jshint maxdepth: 2 */
function maxdepth() {
    if (true) {
        for (i = 0; i < 1; i++) {
            if (false) {
            }
        }
    }
}
```

Das Ergebnis lautet:

```
$ ./node_modules/jshint/bin/jshint --verbose --reporter node_modules/
jshint-stylish/stylish.js jshint.js
```

```
jshint.js
  line 5  col 24  Blocks are nested too deeply. (3)  (W073)
```

✗ 1 problem

An der Ausgabe erkennen Sie, dass Ausnahmen mit /* jshint -W073 */ eingeleitet werden.

maxerr

Die Option maxerr erwartet einen Integer-Wert, der die maximale Anzahl an Fehlern festlegt, die JSHint ausgibt. Standardmäßig steht dieser Wert auf 50, und es gibt vermutlich wenige Gründe, ihn zu ändern.

maxlen

Die verstärkende Option maxlen erwartet einen Integer-Wert und schränkt die Anzahl der Zeichen pro Zeile ein. Dies ist eine rein stilistische Option, die der Lesbarkeit des Codes dient. Ausnahmen leiten Sie mit /*jshint -W101 */ ein.

maxparams

JSHint kann auch die Anzahl erlaubter Funktionsparameter einer Funktion einschränken. maxparams erwartet einen entsprechenden Integer-Wert. Das ist als Maßnahme zur Sicherung der Code-Qualität durchaus sinnvoll. Funktionen mit sehr vielen Parametern sind überfrachtet, erledigen zu viele Aufgaben gleichzeitig und sollten in verschiedene Funktionen getrennt werden. Das erhöht die Übersichtlichkeit und Lesbarkeit des Codes. Damit zählt die Option auch zu den stilistischen.

Wer die Option mit einem Wert versieht, jedoch bei einer einzelnen Funktion eine Ausnahme machen möchte, kann die Überprüfung lokal über den Code W072 deaktivieren.

maxstatements

Auch lange Funktionen erledigen tendentiell zu viele Aufgaben und erschweren die Lesbarkeit des Codes. Mit der Option maxstatements: 10 wird die Zahl der Statements bzw. Code-Zeilen auf 10 pro Funktion beschränkt. Ausnahmen lassen sich in diesem Fall einleiten, indem der Code W071 deaktiviert wird.

newcap

Die Option newcap: true zielt darauf ab, Fehler im Umgang mit Konstruktoren zu vermeiden. Nach Aktivierung der Option verlangt JSHint, dass alle Konstruktorfunktionen mit einem Großbuchstaben beginnen. Damit wird klar angezeigt, welche Funktionen mit dem Schlüsselwort new verwendet werden sollten. JSHint beschwert sich somit auch, wenn das Wort new vor einer mit Großbuchstaben kenntlich gemachten Konstruktorfunktion vergessen wurde.

Für Ausnahmen deaktivieren Sie die Warnung W040, damit eine Konstruktorfunktion, die das Schlüsselwort this verwendet, auch mit Kleinbuchstaben deklariert werden kann. Umgekehrt erlaubt JSHint die Verwendung einer Konstruktorfunktion ohne vorangestelltes new, wenn eine Codezeile die Warnung W064 deaktiviert.

noarg

Wenn JSHint mit aktiver Option noarg läuft, verbietet es die Verwendung von arguments.callee und arguments.caller innerhalb einer Funktion. arguments.callee referenziert die Funktion, die gerade ausgeführt wird, und ist damit eine Art Referenz auf sich selbst. Diese Referenz wurde vor allem im Kontext anonymer Funktionen genutzt. arguments.caller referenziert dann jene Funktion, von der aus die aktuell ausgeführte Funktion aufgerufen wurde. Beide Referenzen wurden in der Spezifikation von ECMAScript 5 als obsolet deklariert. Deshalb sollten Sie auf einen Einsatz schon jetzt verzichten.

Bei arguments.callee ist allerdings noch eine kleine Hintertür offen: Noch ist nicht ganz geklärt, ob diese Funktionsreferenz auf die aktuell ausgeführte Funktion für manche Konstruktionen nicht unverzichtbar ist.[3]

Wer also Bedarf hat, kann die Warnung mit Code W059 auch lokal deaktivieren.

nocomma

Diese ganz frisch hinzugekommene Option soll die Verwendung des Komma-Operators einschränken. Der Einsatz eines Kommas als *Operator* ist den meisten JavaScript-Programmierern vermutlich nicht vertraut. Ein Beispiel:

```
var a = (1 + 1, 2 + 2);
```

3   Siehe die Diskussion unter https://bugs.ecmascript.org/show_bug.cgi?id=263

Hier ist a abschließend kein Array, sondern trägt den Wert 4, nämlich das Ergebnis der Operation auf der rechten Seite des Komma-Operators. Ausgeführt werden aber explizit beide Seiten des Operators.

In der obigen Situation ist die Berechnung von 1 + 1 natürlich überflüssig, aber wenn die Seite links vom Komma einen Nebeneffekt hat, dann hat auch der Komma-Operator einen nachweisbaren Effekt.

Da die ganze Konstruktion eher obskur ist und dieselben Ziele auch mit einer anderen Syntax zu erreichen sind, ist es durchaus wünschenswert, dass JSHint vor dem Einsatz des Kommas als Operator warnt.

Leider ist den JSHint-Entwicklern beim Einbau dieser Funktionalität ein grober Schnitzer unterlaufen, denn die Option warnt in der aktuellen JSHint-Version (2.6.0) vor *jedem* Komma. Der Einsatz des Kommas als *Separator* ist aber natürlich völlig in Ordnung und bei Arrays oder mehrfacher Variablenzuweisung unentbehrlich.

Damit ist von der Aktivierung der Option zum gegenwärtigen Zeitpunkt abzuraten.

Wenn die Regel irgendwann richtig greift und das Komma doch an einer Stelle als Operator missbraucht wird, sollte sich die entsprechende Warnung mit dem Code W127 abschalten lassen.

noempty

Mit aktivierter Option noempty: true warnt JSHint bei leeren Blöcken. Folgender Code wäre also invalide:

```
if (a === true) {
}
```

Natürlich richtet solch ein leerer Code-Block keinen Schaden an, er ist allenfalls nutzlos. Vermutlich wurde er bei der Entwicklung lediglich vergessen, so dass die entsprechende Warnung nicht schadet.

Wenn gewünscht, lässt sich die Warnung für einen einzelnen leeren Block auch mit dem Code W035 deaktivieren.

nonbsp

Über die Tastatur eines Mac-Rechners lässt sich mit der Tastenkombination „Option + Leertaste" recht einfach ein „geschütztes Leerzeichen" einfügen, das einen automatischen Zeilenumbruch verhindert. Das Zeichen hat den Unicode U+00A0. Problematisch kann dieses Zeichen auf einer Webseite sein, die nicht als UTF-8 ausgeliefert wird.

Da dieses Zeichen im JavaScript-Code nicht sinnvoll ist und meist unabsichtlich gesetzt wird, gibt JSHint mit der Option nonbsp die Warnung W125 aus.

nonew

Mit aktiver Option nonew beschwert sich JSHint über Objekt-Konstruktionen ohne Variablenzuweisung, also Code in dieser Art:

```
new MyObject();
```

Hier wird offensichtlich eine Konstruktorfunktion aufgerufen, weil sie irgendeinen gewünschten Seiteneffekt hat. Das dabei entstehende Objekt wird aber nicht zugewiesen und scheint völlig irrelevant.

In einem solchen Fall ist der Einsatz einer Konstruktorfunktion vollkommen unsinnig; vielmehr sollte man es bei einer normalen Funktion belassen.

Für den obskuren Anwendungsfall muss die Option W031 deaktiviert werden.

notypeof

Der JavaScript-Funktion typeof, die den Typ einer Variable bestimmt und diesen als String zurückgibt, stehen nur wenige Rückgabewerte zur Verfügung (z.B. "undefined", "number", "string" oder "object"). Folgendes Beispiel illustriert ein potentielles Problem:

```
if (typeof a == "fuction") {
  ...
}
```

Der Tippfehler fuction statt function führt dazu, dass die Prüfung keine Übereinstimmung finden wird. Mit notypeof: true wird sich JSHint bei solchen Tippfehlern mit der Warnung W122 melden.

quotmark

Mit quotmark: true darf in einer Code-Datei nur ein Typ Anführungszeichen verwendet werden: entweder einfache (') oder doppelte ("). Es handelt sich also um eine rein stilistische Option.

Mit quotmark: 'single' beschränkt man sich überall auf einfache Anführungszeichen, mit quotmark: 'double' auf doppelte.

Es liegt wieder im Auge des Betrachters, ob eine einheitliche Verwendung von Anführungszeichen dem Code hilft und, wenn ja, welche Variante es denn sein sollte. Fehler lassen sich mit der Option nicht vermeiden.

JSHint wird sich je nach Einstellung mit W110 (quotmark: true, keine gemischten Anführungszeichen), W109 (quotmark: single, nur einfache Anführungszeichen) oder W108 (quotmark: double, nur doppelte Anführungszeichen) melden.

shadow

Mit der Option shadow beeinflussen Sie, inwieweit JSHint die mehrfache Deklaration derselben Variable moniert. Folgenden, zugegebenermaßen sinnfreien Code schleusen wir durch JSHint:

```
var x = 1;
var x = 2;
function x() {
    var x = 3;
}
console.log(x);
```

Hier beschwert sich JSHint nicht über die Mehrfachdeklaration der Variable x mit var x = ... – Wohl aber über die gleiche Benennung von Funktion und Variable:

```
 ./node_modules/jshint/bin/jshint --verbose --reporter node_modules/
jshint-stylish/stylish.js jshint.js

jshint.js
  line 4  col 11  'x' is already defined.  (W004)

× 1 problem
```

singleGroups

Der Code delete a.b; wird das Attribut b im Objekt a löschen. Auch der Aufruf delete(a.b); hat den gleichen Effekt. Die zweite Form suggeriert aber, dass es sich bei delete um eine Funktion handelt. Das ist nicht der Fall, denn delete ist ein spezieller JavaScript-Operator – ähnlich typeof oder new. JavaScript selbst ist gnädig und ignoriert die unnötigen Klammern.

Aber JSHint wird sich mit aktivierter Option singleGroups: true mit der Warnung W126 an den Entwickler wenden und fragen, ob er verstanden hat, wie diese speziellen JavaScript-Operatoren funktionieren.

undef

Die Option undef: true sollte in jedem Fall gesetzt werden. JSHint verbietet so die Verwendung undeklarierter Variablen. Das hilft bei der Vermeidung von Flüchtigkeitsfehlern. So beschwert sich JSHint bei diesem Code mit dem Warncode W117:

```
/* jshint undef: true */
var aB = 'AB';
ab = 'XY';
```

Hier die Ausgabe von JSHint:

```
$ ./node_modules/jshint/bin/jshint --verbose --reporter node_modules/
jshint-stylish/stylish.js jshint.js

jshint.js
  line 3  col 1  'ab' is not defined.  (W117)

✗ 1 problem
```

unused

Umgekehrt beschwert sich JSHint bei der Option unused: true, wenn eine Variable im Code zwar deklariert, aber nie verwendet wird. Im Fall des oben gezeigten Tippfehlers erhält der Entwickler darum einen anderen Fehler:

```
/* jshint unused: true */
var aB = 'AB';
ab = 'XY';
```

Das Ergebnis lautet:

```
$ ./node_modules/jshint/bin/jshint --verbose --reporter node_modules/
jshint-stylish/stylish.js jshint.js

jshint.js
  line 2  col 7  'aB' is defined but never used.  (W098)

✗ 1 problem
```

Der Code zur Deaktivierung der Warnung ist W098.

A.2.2 Die lockernden Optionen

Die folgenden Optionen veranlassen JSHint, weniger kritisch vorzugehen, indem einzelne Regeln aus dem standardmäßig aktivierten Set deaktiviert werden. Die folgenden Abschnitte werden es zwar nicht empfehlen, auch nur eine einzelne dieser Regeln zu deaktivieren, aber die Entscheidung bleibt natürlich Ihnen vorbehalten. Vor allem geht es um das „Warum" hinter den einzelnen Optionen, die JSHint in der Standardeinstellung aktiviert hat. Außerdem führen wir die zu erwartenden Warnmeldungen auf. Die meisten Optionen nehmen einen booleschen Wert und deaktivieren die zugehörige Regel, wenn die Option `true` gesetzt wird.

asi

Die Option `asi: true` deaktiviert Warnungen bei fehlenden Semikola. In Abschnitt 3.2 ging es bereits darum, dass JSHint moniert, wenn nicht jede Zeile mit einem Semikolon abgeschlossen wird, während Node.js dies ignoriert. Auch die JSHint-Dokumentation unterstreicht, dass es nicht zwingend notwendig ist, alle Semikola zu setzen. Es gibt einige simple Regeln, nach denen eine Zeile als beendet gilt – und diese muss man kennen und beachten, denn Nichtbeachtung kann zu Fehlern führen. Die Überprüfung durch JSHint vermeidet solche Fehler.

Wer auch nur in Teilbereichen auf eine Überprüfung verzichten möchte, deaktiviert die Regel, indem er den Bereich mit `/* jshint -W033 */` einleitet.

boss

JSHint beschwert sich, sobald es ein Statement der Art `if (a = 1) {...}` findet, und zwar zu Recht, denn im Allgemeinen ist es unsinnig, innerhalb einer Prüfung mit `if` eine Zuweisung zu verwenden. Das zweite – oder sogar dritte – Gleichheitszeichen zu vergessen, ist ein beliebter Flüchtigkeitsfehler bei der Entwicklung. Aus diesem Grund sollte die Regel nicht deaktiviert werden. Übrigens widerspricht die Regel nicht der unter eqeqeq beschriebenen Option `eqeqeq: true`. Ist `boss: true, eqeqeq: true` gesetzt, akzeptiert JSHint sowohl das einfache als auch das dreifache Gleichheitszeichen und beschwert sich nur beim doppelten.

Innerhalb einer `for`-Schleife kann das einfache Gleichheitszeichen jedoch sinnvoll sein:

```
var a = [1, 2, 3], b;
/* jshint -W084 */
for (var i = 0; b = a[i]; i++) {
    /* jshint +W084 */
    console.log(b);
    if (i == a.length) break;
}
```

Wie im Beispiel gezeigt, können Sie die Warnung W084 in solchen Fällen lokal deaktivieren.

debug

Die Option debug: true zwingt JSHint dazu, sich nicht über den Aufruf debugger im JavaScript-Code zu beschweren. Dieser aktiviert – sofern ein Debugger verfügbar ist – eine Debugging-Session. Das ist zum Zeitpunkt der Entwicklung gelegentlich sinnvoll und kann im Browser helfen, an einer bestimmten Stelle in den Debug-Modus zu gelangen. Aber ein solches Statement hat natürlich nichts im produktiven Code zu suchen. Es spricht auch wenig dafür, das Statement lokal zu tolerieren, indem man die Warnung W087 unterdrückt.

elision

Ein Array mit undefinierten Elementen lässt sich mit [1,,3] festlegen. Die Auslassung (Elision) wird mit undefined belegt. Inkonsistent wird das leider zwischen den Browsern, wenn im Code Folgen der Form [1,2,] auftreten. Im Internet Explorer ist das ein Array der Länge drei, bei dem der letzte Wert undefined ist. In anderen Browsern ist das ein Array der Länge zwei mit dem Inhalt [1,2].

Einfacher ist es, das Ganze gleich als Tippfehler zu betrachten und sich von JSHint mit der Warnung W128 darauf aufmerksam machen zu lassen.

eqnull

Die Option eqnull: true unterdrückt Warnungen für den Fall, dass Variablen mit == null überprüft werden. Das ist nur dann von Interesse, wenn die weiter oben beschriebene Option eqeqeq nicht aktiviert ist. Das Problem einer Prüfung mit == null liegt auch an dem doppelten Gleichheitszeichen: Bei der Prüfung wird die zu überprüfende Variable entsprechend umgewandelt. So evaluiert undefined == null zu true, was nicht zwingend der gewünschte Effekt ist. Lokal lässt sich die Regel durch Deaktivieren der Warnung W041 ausschalten.

esnext

Wer heute schon für die Zukunft programmiert und Konstrukte wie => oder ... aus ECMAScript 6 verwendet, muss die Option esnext: true setzen. Es wird allerdings noch ein wenig dauern, bis alle Browser ECMAScript 6 unterstützen, und darum dürfte die Option selten notwendig sein. Da JSHint unterschiedliche Fehlercodes für verschiedene ECMAScript-6-Konstrukte wirft, sollte man – wenn die Regel lokal außer Kraft gesetzt werden soll – den passenden Fehlercode mit der `--verbose`-Option ausgeben lassen.

eval

Schon Abschnitt 3.5 hat gezeigt, wie JSHint auf den Aufruf der Funktion `eval()` reagiert. Die Funktion evaluiert Strings als JavaScript-Code. Für statische Strings ist das nicht notwendig, da man auf die Verwendung von `eval()` verzichten und den Code direkt ausschreiben kann. Wer `eval()` verwendet, baut sich den zu evaluierenden Code im Normalfall dynamisch zusammen, und dabei passiert es leicht, dass Nutzer-Input in die zu evaluierende Funktion gelangt. Wenn der Benutzer in der Lage ist, beliebigen Code zur Ausführung zu bringen, kann das eine massive Sicherheitslücke öffnen und brandgefährlich werden. Darum sollten Sie unter normalen Umständen auf `eval()` verzichten. Die Warnung kann aber, wie schon in Abschnitt 3.5 gezeigt, mit `/* jshint -W061 */` lokal deaktiviert werden.

expr

Kapitel 5 hat bereits beschrieben, wovor JSHint normalerweise mit `W030` warnt: Code-Zeilen, wie das von Chai unterstützte `expect(date.hasBirthday(birthday)).to.be.ok`.

Das Problem ist, dass `.to.be.ok` wie ein Zugriff auf ein Objekt-Attribut aussieht. In Wahrheit versteckt Chai hinter diesem Zugriff aber einen Funktionsaufruf. Diese magische Code-Zeile ist für andere Entwickler schwierig zu interpretieren, wenn sie Chai noch nicht kennengelernt haben.

lastsemic

Entwickler, die kompakte Einzeiler der Form

```
var name = (function() { return 'Gunnar' }());
```

mögen, schätzen vermutlich auch die Option `lastsemic: true`. Sie unterdrückt die Warnung `W033`, die JSHint aufgrund des fehlenden Semikolons hinter `'Gunnar'` normalerweise werfen würde.

laxbreak

Die Option `laxbreak: true` unterdrückt die JSHint-Warnung W014 bei seltsamen Konstruktionen der folgenden Art:

```
var a = true, x;
x = a
    ? 1 : 2;
```

Der Zeilenumbruch vor dem `?` ist völlig deplatziert und JSHint beschwert sich zu Recht.

laxcomma

Die Option `laxcomma: true` erlaubt es, das Komma als Trenner auch an den Zeilenanfang zu stellen, also etwa so:

```
/* jshint laxcomma: true */
var a = 1
  , b = 2
  ;

var x = {
    a: '1'
  , b: '2'
};
```

Ohne die entsprechende Option wird sich JSHint mit der Warnung W014 über diese Art des Zeilenumbruchs beschweren.

loopfunc

Auch wenn es JavaScript erlaubt, Funktionen innerhalb einer Schleife zu definieren, ist diese Konstruktion selten sinnvoll. Eine Funktion würde man in einer Schleife nur definieren, um auf den Zähler der Schleife zuzugreifen – und das führt leicht zu Fehlern:

```
/* jshint loopfunc: true */
var zahlen = [];

for (var index = 0; index < 5; index = index + 1) {
  zahlen[index] = function (y) {
    return index + y;
  };
}

console.log(zahlen[0](2));
console.log(zahlen[1](2));
console.log(zahlen[2](2));
```

Die Ausgabe zeigt, dass index innerhalb der Funktion gebunden wird, aber schlicht auf den Zähler der Schleife zeigt. Dieser steht nach dem Durchlaufen der Schleife auf 3. Damit sieht das Ergebnis des Skripts wohl etwas anders als beabsichtigt aus:

```
$ node jshint.js
5
5
5
```

Darum sollte der Code solche Konstruktionen vermeiden, und JSHint beschwert sich ohne die Option loopfunc völlig berechtigt mit der Warnung W083.

moz

Die Option moz: true sollte nur derjenige setzen, der für die neuesten Firefox-Versionen bzw. sehr experimentelle JavaScript-Versionen entwickelt und die dort implementierten, teilweise experimentellen Funktionen nutzt. Dann beschwert sich JSHint nicht mehr über Statements wie let zur Variablendeklaration. let erlaubt es, Variablen im Block-Scope zu definieren – also z.B. nur innerhalb einer Schleife. Dieses neue Statement ist Teil der Version 6 der ECMAScript-Spezifikation. Damit werden auch andere Browser als der Firefox dieses Statement unterstützen. In der Tat kann man schon jetzt im Browser Chrome unter der URL chrome://flags die Unterstützung experimenteller JavaScript-Features aktivieren. Und auch node unterstützt sie mit der Option --harmony. Somit ist die Bezeichnung moz etwas irreführend.

multistr

Mehrzeilige Strings sind in JavaScript ein ungeliebtes Kind, obwohl in der Version 5 der ECMAScript-Spezifikation festgeschrieben wurde, dass ein mehrzeiliger String über einen Backslash, direkt gefolgt von einem Zeilenumbruch, möglich ist – eine Syntax, die viele Browser schon vorher inoffiziell unterstützt haben:

```
var string = "A\
B";
console.log(string);
```

Der Zeilenumbruch selbst fehlt aber dann im resultierenden String:

```
$ node jshint.js
AB
```

Mit eingefügtem Zeilenumbruch sieht das Ganze so aus:

```
var string = "A\n\
B";
console.log(string);
```

Keine schöne Konstruktion, aber die Ausgabe enthält den Zeilenumbruch:

```
$ node jshint.js
A
B
```

Darüber hinaus beschwert sich JSHint bei der Analyse des Codes mit der Warnung W043:

```
$ ./node_modules/jshint/bin/jshint --verbose --reporter node_modules/
jshint-stylish/stylish.js jshint.js

jshint.js
  line 1  col 20  Bad escaping of EOL. Use option multistr if needed.  ↵
(W043)

✖ 1 problem
```

Da diese Form der mehrzeiligen Strings erst mit ECMAScript 5 offiziell wurde und darüber hinaus die Syntax nicht schön ist, rät JSHint dazu, solche Strings vollständig zu vermeiden. Abhilfe bringt die Version 6 von ECMAScript. Dann definiert man mehrzeilige Strings mit dem Backtick:

```
var string = `A
B`;
console.log(string);
```

noyield

ECMAScript 6 definiert sogenannte „Generatoren". Sie liefern bei Aufruf der Methode next() immer den nächsten Wert aus einer Liste, die beliebig berechnet werden kann. Damit next() einen Rückgabewert liefert, muss der Generator den yield-Befehl verwenden. Ohne yield kein sinnvoller Generator – es sei denn, er funktioniert über obskure Seiteneffekte, die ebenfalls nicht wünschenswert sind. Von daher warnt JSHint standardmäßig mit der Warnung W124 vor solchen Generatoren.

plusplus

Die Variante plusplus verbietet die Benutzung der Operatoren ++ und --, die eine Variable um eins erhöhen bzw. verringern. Solange JSHint die Option plusplus: true in der Konfiguration fehlt, wird es vor dem Einsatz dieser Operatoren mit der Warnung W017 warnen. Die Entscheidung, ob der Einsatz dieser Operatoren stilistisch unschön und zu unterbinden ist, bleibt Ihnen überlassen.

proto

Viele Browser unterstützen den direkten Zugriff auf den internen Prototyp eines Objekts via __proto__. Auch wenn die Funktionalität offensichtlich von vielen Entwicklern gebraucht wird, war sie nie offiziell definiert. Erst in der Version 5 des ECMAScript-Standards wurde dafür die Funktion Object.getPrototypeOf() eingeführt. Der Einsatz von __proto__ ist damit obsolet, und JSHint beschwert sich mit der Warnung W103.

scripturl

JSHint wird sich ohne die Option scripturl: true mit der Warnung W107 bzw. W050 über Strings wie javascript:... beschweren. Diese deuten darauf hin, dass hier eine externe Script-Datei mit weiterem JavaScript nachgeladen werden soll. Ebenso wie die eval-Funktion sollte man dies im JavaScript-Code vermeiden, da darüber Angriffe möglich sind.

strict

Mit der Option strict: true zwingen Sie sich dazu, jeden Funktionsscope in den Strict-Mode zu setzen.

```
(function () {
    var a = 1;
}());
```

Im obigen Code-Beispiel fehlt die Präambel "use strict"; beim Einstieg in die Funktion. Darum meldet JSHint einen Fehler:

```
$ ./node_modules/jshint/bin/jshint --verbose --reporter node_modules/
jshint-stylish/stylish.js jshint.js

jshint.js
  line 2  col 5  Missing "use strict" statement.  (E007)

✗ 1 problem
```

JSHint liefert in diesem Fall übrigens den Fehler-Code E007, der sich nicht über eine Direktive im Code ausheben lässt.

Die korrekte Version sieht so aus:

```
(function () {
    'use strict';
    var a = 1;
}());
```

Mit der Direktive `'use strict';` wird der JavaScript-Interpreter in eine etwas striktere Version der ECMA 5 JavaScript-Spezifikation geschaltet. So wird der Interpreter z.B. einen Fehler werfen, wenn der Entwickler vergessen hat, eine Variable ohne führendes `var` zu deklarieren. Ohne `'use strict';` führt das automatisch dazu, dass eine globale Variable definiert wird. In den meisten Fällen ist das aber nicht gewünscht und ein einfacher Fehler im Code. Mit `'use strict';` wirft der Interpreter bei einer Variablendeklaration ohne `var` einen Fehler.

Natürlich kann dieses Problem keinen Entwickler treffen, der JSHint einsetzt und `undef: true` gesetzt hat (Abschnitt 3.5). Aber da use strict noch weitere positive Effekte hat, sollte die Prüfung nicht deaktiviert werden.[4]

sub

JavaScript ermöglicht den Zugriff auf das Attribut `index` des Objekts a auf zwei Arten: über `a['index']` oder – etwas kürzer und leserlicher – `a.index`. Die zweite Variante ist allerdings nur möglich, wenn der Attributname keine Sonderzeichen enthält. Der Zugriff auf das Attribut `b-c` gelingt nur über die Variante `a['b-c']`.

Wo möglich, erwartet JSHint ohne die Option `sub: true` aber die lesbarere Variante mit dem Punkt. Wird sie nicht verwendet, warnt JSHint mit dem Code `W069`.

supernew

Üblicherweise wehrt sich JSHint gegen das Schlüsselwort `new` in Kombination mit anonymen Funktionen in der Form `new function() {...}` oder dem Aufruf ohne das Klammerpaar: `new Object` statt `new Object()`.

Dieses Verhalten hat JSHint von seinem Vorgänger `jslint` übernommen. Beide oben beschriebenen Formen sind aber nicht zwingend Fehler, sondern nur unübliche Varianten der Konstruktion mit Hilfe von `new`.

Wer diese Formen einsetzen möchte, unterdrückt die Warnung `W057` über die Option `supernew: true`.

---

4   Die Details des *Strict-Mode* beleuchtet z.B. der Blog-Post `http://www.peterkroener` `.de/ecmascript-5-die-nachste-version-von-javascript-teil-2-der-strict-m` `ode/`

validthis

Der oben bei den Ausführungen zu `strict` beschriebene und mit `'use strict'` eingeleitete strikte Modus verändert unter anderem die Behandlung der speziellen Referenz `this`:

```
function strictThis() {
    'use strict';
    console.log(this);
};
```

Im obigen Beispiel ist `strictThis` eine normale Funktion. Der Aufruf `strictThis()` zeigt als Ergebnis `undefined`, denn im strikten Modus erhält `this` nur dann einen Wert, wenn wirklich ein Objekt mit `new` erzeugt wurde und `this` eine sinnvolle Referenz auf das Objekt selbst sein kann.

Würde die Zeile `'use strict'` in obiger Funktion fehlen, wäre `this` eine Referenz auf das globale Objekt.

Also beschwert sich JSHint zu Recht mit der Warnung W040, wenn eine Funktion `'use strict'` angibt, aber nicht mit Großschreibweise als Konstruktorfunktion markiert ist und trotzdem `this` verwendet.

Dennoch gibt es Randfälle, in denen `this` auch in strikten Funktionen einen Wert haben kann, beispielsweise wenn der Code die Funktion über `call(param, funktion)` aufruft. `this` wird beim Aufruf `call()` auf den ersten Parameter `param` gebunden.

Für diesen Einsatzzweck erlaubt die Option `validthis: true` anzuzeigen, dass `this` korrekterweise verwendet wird. Allerdings schränkt JSHint die Verwendung ein: Die Option darf nur lokal im Code der betroffenen Funktion über `/*jshint validthis:true */` gesetzt werden. Im globalen Scope wird sich JSHint mit dem Fehler E009 weigern, die Option zu akzeptieren.

withstmt

Das kleine Wörtchen `with` erlaubt in JavaScript folgende Konstruktion:

```
var a = {};
a.b = false;
a.c = true;
with (a) {
    b = true;
    c = false;
    d = 'global';
}
```

`with (a)` zieht hier alle Attribute von `a` in den lokalen Scope des Blocks hinter `with`. Das ist nützlich, weil der Zugriff auf die Attribute `b` und `c` etwas verkürzt wird. Bei längeren Variablennamen würde sich das noch mehr auswirken.

Gleichzeitig ist `with` aber auch tückisch, denn das Attribut `d` fehlt dem Objekt `a`, und daraufhin endet die Zuweisung `d = 'global'` nicht als `a.d = 'global'`, sondern in der Erzeugung einer globalen Variable `d`. Sehr unschön! Darum ist `with` in JavaScript ungern gesehen.

JSHint warnt zu Recht mit dem Code `W085`, aber wer unbedingt möchte, unterdrückt die Warnungen mit der Option `withstmt: true`.

B

Anhang

Stil-Prüfung mit jscs

Seit Mitte 2013 gibt es im JavaScript-Universum ein neues Werkzeug zur stilistischen Code-Prüfung: den JavaScript Code Style Checker `jscs`.

In Abschnitt 3.9 war bereits davon die Rede, dass dieses neue Werkzeug die Marschrichtung der JSHint-Entwicklung beeinflusst: Die JSHint-Entwickler entfernen zunehmend JSHint-Regeln, die ausschließlich den Stil des Codes prüfen. Viele dieser Regeln stammen aus der Zeit, als JSHint noch jslint war und kein unabhängiges Projekt.

Gerade diese rein auf den Programmierstil zielenden Regeln haben es `jslint` schwer gemacht. Bis Anfang 2013 war `jslint` nicht dazu zu bewegen, Tabulatoren statt Leerzeichen zu akzeptieren – und wenn man als Entwickler eines lernt: Bei der Frage „Leerzeichen oder Tabulatoren?" gibt es kein richtig oder falsch, kein gut oder böse.

Darum ist die Aufgabentrennung sehr hilfreich: JSHint kümmert sich um konkrete Unzulänglichkeiten und Probleme der JavaScript-Sprache, und `jscs` bedient – sehr gut konfigurierbar – alle nur denkbaren stilistischen Glaubensrichtungen. Darunter natürlich auch die in Bezug auf Leerzeichen oder Tabulatoren – oder beides.

B.1 Die Installation von `jscs`

Wie üblich, gehört das neu zu installierende Werkzeug in die Datei package.json, und zwar wieder in das Set an Werkzeugen, die nur zur Entwicklungszeit sinnvoll sind (devDependencies):

```
"devDependencies": {
    ...,
    "jscs": "1.10.0",
    ...
}
```

npm install übernimmt dann wieder die eigentliche Installation des Pakets:

```
$ npm install
jscs@1.10.0 node_modules/jscs
├── supports-color@1.2.0
├── strip-json-comments@1.0.2
├── commander@2.5.1
├── estraverse@1.9.1
├── vow@0.4.8
├── exit@0.1.2
├── colors@1.0.3
├── minimatch@2.0.1 (brace-expansion@1.1.0)
├── vow-fs@0.3.4 (vow-queue@0.4.1, node-uuid@1.4.2, glob@4.3.5)
├── esprima-harmony-jscs@1.1.0-regex-token-fix
├── esprima@1.2.3
├── glob@4.0.6 (inherits@2.0.1, graceful-fs@3.0.5, once@1.3.1, ↵
minimatch@1.0.0)
└── xmlbuilder@2.4.5 (lodash-node@2.4.1)
```

B.2 Die erste jscs-Prüfung

Damit ist das Werkzeug auch schon für einen ersten Testlauf einsatzbereit:

```
$ node_modules/jscs/bin/jscs --preset crockford --reporter inline lib/ ↵
test/
lib/angular.js: line 4, col 0, Var declarations should be joined
lib/angular.js: line 10, col 33, Missing space after "function" keyword
lib/angular.js: line 12, col 8, Var declarations should be joined
lib/cli.js: line 5, col 0, Var declarations should be joined
lib/cli.js: line 6, col 0, Var declarations should be joined
lib/cli.js: line 7, col 0, Var declarations should be joined
lib/date.js: line 19, col 29, Operator , should not stick to following ↵
expression
lib/date.js: line 20, col 12, Operator + should stick to operand
lib/date.js: line 20, col 31, Operator , should not stick to following ↵
expression
lib/date.js: line 21, col 29, Operator , should not stick to following ↵
```

```
expression
lib/list.js: line 12, col 13, Var declarations should be joined
test/unit/date.js: line 1, col 37, Illegal trailing whitespace
test/unit/date.js: line 2, col 0, Var declarations should be joined
test/unit/date.js: line 22, col 21, Illegal space before opening round ↵
brace
test/unit/date.js: line 26, col 16, Var declarations should be joined
test/unit/date.js: line 27, col 32, Illegal trailing whitespace
test/unit/date.js: line 28, col 36, Operator + should not stick to ↵
preceding expression
test/unit/date.js: line 28, col 37, Operator + should not stick to ↵
following expression
test/unit/list.js: line 3, col 0, Var declarations should be joined
```

Offensichtlich hat unser kleines Beispielprojekt im Verlauf dieses Buches schon eine ganze Reihe an „Fehlern" angesammelt, wobei bereits deutlich geworden sein sollte, dass stilistische Entscheidungen kein richtig oder falsch kennen.

Was ist in dem Beispiel oben genau passiert? `jscs` wurde über die lokale Installation unter `node_modules/jscs/bin/jscs` aufgerufen. Als Optionen wurden `--preset crockford` sowie `--reporter inline` übergeben und als Argumente die Verzeichnisse, in denen sich die zu überprüfenden JavaScript-Dateien befinden: `lib/` und `test/`.

B.3 `jscs` Regelsätze

Neben der Angabe der zu überprüfenden Dateien ist die Option `--preset` der zweite essentielle Bestandteil des obigen Aufrufs. `--preset` wählt ein vordefiniertes Set an `jscs`-Regeln aus. Aktuell bietet `jscs` acht solcher vorgefertigter Regelsätze an: `airbnb`, `crockford`, `google`, `grunt`, `jquery`, `mdcs`, `wikimedia` und `yandex`. Jede dieser vordefinierten Varianten basiert auf einem veröffentlichten JavaScript-Styleguide. Darin hält ein Projekt die aus seiner Sicht wichtigsten Regeln bei der Formatierung und Schreibweise von JavaScript-Code fest. Wer diese Styleguides veröffentlicht, lässt sich z. T. aus den Namen des `--preset` ableiten: Große Firmen (Airbnb, Google, Yandex), OpenSource-JavaScript-Projekte (Grunt, jQuery) oder auch bekannte JavaScript-Evangelisten wie Douglas Crockford.

Solch ein vorgefertigter Styleguide samt der daraus abgeleiteten `jscs`-Konfiguration ist die denkbar einfachste Art, mit `jscs` zu arbeiten. Die Regelsätze unterscheiden sich im Umfang nicht allzu sehr voneinander, d.h. sie sind ähnlich rigide.

Im obigen Fall haben wir uns für `--preset crockford` entschieden, weil sein Name als Entwickler von `jslint` bereits gefallen ist. Außerdem war dieser Regelsatz einer der beiden, die bei der bestehenden Codebasis unter 20 Fehler angezeigt haben. Dieses Kriterium ist bei einer bestehenden Codebasis neben der persönlichen Präferenz ausschlaggebend. Die Stilvariante, die die wenigsten Fehler meldet, ist offensichtlich jene, die den Entwicklern ohnehin am meisten liegt – und je weniger initiale Fehler, desto weniger Arbeit beim Aufräumen und Vereinheitlichen.

B.4 Die Konfiguration von jscs

Ich persönlich finde die mit `jscs` ausgelieferten Regelsätze wunderbar und brauche nicht mehr. Wenn es ohnehin keine absoluten Wahrheiten bei der Stilprüfung gibt, scheint der pragmatische Weg der sinnvollste: Warum tagelang über Tabs oder Leerzeichen nachdenken und debattieren, wenn ich mich einfach für `crockford`, `grunt` oder `airbnb` entscheiden kann?

Aber natürlich kann `jscs` deutlich mehr: Letztlich sind die angebotenen Regelsätze Sammlungen, die in einer Konfigurationsdatei zum Abbild des entsprechenden Styleguides gebündelt wurden.

Am einfachsten zeigt die Datei `node_modules/jscs/presets/grunt.json` aus dem `jscs`-Projekt, wie `jscs` konfiguriert wird:

```
{
  "preset": "google",
  "maximumLineLength": 120,
  "requireCamelCaseOrUpperCaseIdentifiers": "ignoreProperties",
  "validateQuoteMarks": { "mark": "'", "escape": true },
  "disallowMultipleVarDecl": "exceptUndefined"
}
```

Diese Konfigurationsdatei repräsentiert den Styleguide des Grunt-Projekts. Die Konfiguration ist vor allem deshalb so kurz, weil die erste Zeile `"preset": "google"` den Google-Styleguide referenziert. Dessen Konfigurationsdatei wiederum umfasst 70 Zeilen, was hier für ein kurzes Beispiel zu unübersichtlich wäre.

Die Definition des Google-Styleguide enthält ausschließlich Zeilen in der Form, wie sie die Grunt-Konfiguration in den Zeilen nach der `"preset"`-Festlegung nutzt.

Für den Grunt-Stil wird – über den zugrundeliegenden Google-Stil hinaus – festgelegt, dass die maximale Zeilenlänge 120 Zeichen betragen soll (`"maximumLineLength": 120`). Variablennamen dürfen nur in Camel-Case oder – für Konstanten – in Großbuchstaben geschrieben werden. Objekteigenschaften sind von der Prüfung ausgenommen (`"requireCamelCaseOrUpperCaseIdentifiers": "ignoreProperties"`). Als Anführungszeichen dürfen nur einfache (') verwendet werden – außer wenn es hilft, das Escapen einfacher Anführungszeichen zu vermeiden (also `"bla 'blubbs' bla"` statt `'bla \'blubbs\' bla'`). Das regelt die Option `"validateQuoteMarks": { "mark": "'", "escape": true }`. Schließlich sind mehrere, mit var eingeleitete Zeilen innerhalb einer Funktion nicht erlaubt. Die Deklarationen mit var müssen zu nur einer einzelnen Deklaration mehrerer Variablen zusammengefasst werden – es sei denn, eine var-Deklaration definiert eine oder mehrere Variablen ohne Werte mit undefined (`"disallowMultipleVarDecl": "exceptUndefined"`).

Die Details dieser Regeln sind hier nicht so wichtig. Deutlich wird aber, wie komplex die Regeln der Stilüberprüfung werden können und warum es manchmal einfacher ist, sich auf einen vordefinierten Regelsatz zu verlassen.

Wichtig für uns ist, dass sich für den `jscs`-Lauf eine eigene Konfigurationsdatei sehr individuell gestalten lässt. Sie findet sich typischerweise im Basisverzeichnis des Projekts als `.jscsrc`, also analog zur JSHint-Konfiguration unter `.jshintrc`. Alternativ akzeptiert `jscs` den Dateinamen `.jscs.json` oder den Inhalt des Attributs `jscsConfig` aus dem JSON der Datei `package.json`.

In allen Fällen legen Sie über diese Konfiguration den `jscs`-Regelsatz für das eigene Projekt fest. Im Normalfall reicht die Angabe des `preset`, dessen Vorgaben Sie mit einzelnen Regeln in der eigenen `.jscsrc`-Konfiguration überschreiben können. Sie können auch auf den `preset` verzichten und einen eigenen Styleguide über eine frei wählbare Sammlung eigener Regeln festlegen. Einen vollständigen Überblick über die jscs-Regeln liefert die zugehörige Webseite.[1]

B.5 Weitere Optionen von `jscs`

Neben `--preset` haben wir im ersten `jcsc`-Aufruf die Option `--reporter inline` übergeben. Es gibt derzeit fünf solcher Reporter: `checkstyle`, `console`, `inline`, `junit` und `text`.

Die erste Ausgabe erfolgte mit dem `inline`-Reporter, da er eine sehr kurze, kompakte Übersicht liefert. Der Standard-Reporter `console` liefert deutlich umfangreichere Informationen mit genauen Angaben zum Problem:

```
$ node_modules/jscs/bin/jscs --preset crockford --reporter console test/
unit/list.js
```

---

1 http://jscs.info/rules.html

```
Var declarations should be joined at test/unit/list.js :
    1 |var expect = require('chai').expect;
    2 |
    3 |var list = require('../../lib/list');
--------^
    4 |
    5 |describe('list', function () {
```

```
1 code style error found.
```

Der Übersichtlichkeit halber haben wir jscs im obigen Beispiel nur auf eine einzelne Datei angesetzt.

Natürlich wäre es viel zu umständlich, die Fehlermeldungen von der Kommandozeile einsammeln und die passende Code-Zeile manuell ansteuern zu müssen. Es ist – wie auch bei JSHint – deutlich effektiver, das Werkzeug direkt in die eigene IDE einzubinden. Die notwendige Anleitung für verschiedene Editoren findet sich auf der jscs-Webseite.[2]

B.6 jscs via Grunt

Was darüber hinaus natürlich nicht fehlen sollte, ist die Integration in Grunt. Dafür gibt es das Paket grunt-jscs, das wiederum in die Datei package.json in die devDependencies gehört:

```
"devDependencies": {
    ...,
    "grunt-jscs": "1.2.0",
    "jscs": "1.10.0",
    ...
}
```

npm install übernimmt, wie gewohnt, die Installation:

```
$ npm install
grunt-jscs@1.2.0 node_modules/grunt-jscs
├── vow@0.4.8
├── hooker@0.2.3
└── lodash@2.4.1
```

Innerhalb der Datei Gruntfile.js sind wieder drei Elemente notwendig, um jscs in die Arbeitsschritte von Grunt einzubinden:

```
grunt.initConfig({
    ...
    jscs: {
        all: {
```

2 http://jscs.info/overview.html

```
            files: {
                src: ['lib', 'test']
            },
            options: {
                preset: 'crockford',
                reporter: 'inline'
            }
        }
    },
    ...
});


....
grunt.loadNpmTasks('grunt-jscs');

...

grunt.registerTask('default', ↵
['jshint', 'jscs', 'mochaTest:test', 'karma:unit', 'webpack']);
});
```

Zum einen muss die neue Aufgabe mit `grunt.loadNpmTasks('grunt-jscs')` geladen werden.

Die eigentliche Konfiguration landet dann im `jscs`-Attribut der Grunt-Konfiguration. Es handelt sich wieder um ein Grunt-Multitask.

Da nur eine Aufgabe benötigt wird, ist diese unter dem allgemeinen `all` angegeben. Diese `jscs:all`-Aufgabe enthält unter `jscs.all.files.src` ein Array mit Pfaden der zu überprüfenden JavaScript-Dateien. Werden Verzeichnisse angegeben, werden diese von `jscs` rekursiv durchsucht.

Unter `options` sind die weiter oben besprochenen `jscs`-Optionen angegeben. Darunter fallen hier nur die Auswahl des Regelsatzes unter `preset` sowie der Angabe des kompakten Reporters `inline`. Aber auch hier ließen sich einzelne `jscs`-Regeln in der Form `maximumLineLength: 1000` eintragen.

Schließlich wird die `jscs`-Aufgabe mit `grunt.registerTask('default', ['jshint', 'jscs', 'mochaTest:test', 'karma:unit', 'webpack'])` in die Reihe der Standardaufgaben direkt nach der JSHint-Überprüfung eingereiht, so dass an gut lesbarem Code kein Weg mehr vorbei führt.

Eine Entwicklungsumgebung für alle JavaScript-Projekte

Motivation für dieses Buch war der Wunsch, freie Werkzeuge in *einer* Entwicklungsumgebung für *alle* JavaScript-Projekte zu integrieren.

Natürlich kann es sich keine solche Umgebung leisten, die Unterschiede in den Laufzeitumgebungen Node.js und Browser zu ignorieren: Eine für den Browser geschriebene Applikation kann nicht als produktionsreif gelten, wenn Tests ausschließlich unter Node.js gelaufen sind; umgekehrt ist ein reines Node.js-Projekt nur eingeschränkt in einer Browser-spezifischen Umgebung zu testen, weil wichtige Bereiche – etwa der Zugriff auf Dateien – ausgenommen wären.

Eine simple Lösung wären folglich zwei separate Entwicklungsumgebungen, die man ggf. in einer Ableitung kombiniert, sofern eine Anwendung sowohl im Browser als auch unter Node.js laufen soll. JSHint ist ein gutes Beispiel für eine solche Anwendung.

Einfacher wird es aber, wenn wir gar nicht erst von unterschiedlichen Applikationstypen ausgehen, sondern von einem, der eben auf mehreren Laufzeitumgebungen funktioniert. „Laufzeitumgebung" ist danach nur ein Attribut der zu entwickelnden Applikation, macht diese aber nicht zu einem eigenen Typ. In der Konsequenz ist auch nur eine Entwicklungsumgebung notwendig, auf deren Basis dieser Applikationstyp entwickelt wird. Für Entwicklerinnen und Entwickler bedeutet das: Es gibt nur ein gewohntes Basis-Setup für alle Projekte.

Diesen Gedanken wollen wir im Folgenden vertiefen, bevor wir daraus die Auswahl unserer Werkzeuge ableiten.

C.1 Ein Applikationstyp?

Die Bandbreite aller denkbaren JavaScript-Projekte in ihrem Verhältnis zu den beiden Laufzeitumgebungen lässt sich auf nur einen Applikationstyp abbilden, indem man bei allen Projekten drei Ebenen unterscheidet:

- Code-Basis (Kern-Funktionalität als Bibliothek)

- Node.js-spezifische Adapterschicht (mit z. B. unbeschränkten Dateizugriffen)

- Browser-spezifische Adapterschicht (mit z. B. DOM-Operationen)

Die Adapterschichten transportieren die Funktionalität der Kernbibliothek in die jeweilige Laufzeitumgebung.

Setzen sich aber wirklich alle JavaScript-Projekte in der Praxis aus diesen drei Ebenen zusammen?

In dem hier vorgeschlagenen Modell spielt es letztlich keine Rolle, ob einzelne Schichten fehlen. Projekte für eine spezifische Laufzeitumgebung lassen sich damit ebenso abbilden, denn die Grenzen zwischen den Adapterschichten und der Kernfunktionalität sind keineswegs vorgegeben. Je nach Projekt sind die drei Schichten unterschiedlich groß, und im Extremfall besteht das Projekt eben nur noch aus einer Browser- oder Node.js-spezifischen Schicht. Die Bibliothek und die andere Adapterschicht entfallen dann.

Entsprechend bedarf es auch nur *einer* Entwicklungsumgebung, die allerdings die Arbeit an allen drei Schichten grundsätzlich unterstützt. Dies betrifft in besonderem Maße das Testsystem: Es muss die browserspezifische Adapterschicht mit Browser-Tests abdecken – die Node.js-spezifische Adapterschicht über Node.js-Tests. Nur für die Kernfunktionalität würde dasselbe Testsystem Tests unter beiden Laufzeitumgebungen fahren.

Die Anforderungen an ein solches Testsystem sind hoch, denn es muss unter Node.js und dem Browser gleichermaßen laufen und darüber hinaus Tests selektiv in der einen oder anderen bzw. in allen zwei Laufzeitumgebungen ausführen. All das darf jedoch keinen allzu großen Zusatzaufwand im eigentlichen Code oder im Testcode erfordern.

Auch im Code selbst muss sich die Dreiteilung widerspiegeln, indem die Grenzen zwischen Kern- und Adapterschichten im Projekt klar gezogen sind. Ohne diese Trennung sind weder zwei Laufzeitumgebungen noch der oben umrissene Testansatz umsetzbar.

C.2 Modularisierung

Die Kernfunktionalität einer Anwendung als Bibliothek bereitzustellen, erfordert die Modularisierung des Codes, ein Grundsatz, der für jede Anwendung mit mehr als 1000 Zeilen gilt. Das ist unter Node.js auch kein Problem, indem Sie Dateien bzw. Module mit `require()` nachladen, sofern Sie auf einem lokalen Dateisystem arbeiten. Für den Browser ist das jedoch untypisch – hier werden die Module über einen `<script>`-Tag mit einem HTTP-Request nachgeladen. Den Browser möchte kein Entwickler dazu anhalten, eine JavaScript-Anwendung, die über 30 Dateien verstreut ist, in Einzelteilen zu laden. Bei Single-Page-Applications kann ein solches Nachladen gelegentlich sinnvoll sein, aber es bleibt bei der Faustregel, dass der Browser möglichst wenige Anfragen über das Netzwerk durchführen sollte, da diese Zeit kosten und die Webseite verlangsamen. Damit die Ladezeiten kurz sind, wird der JavaScript-Code für den Browser soweit wie möglich in eine Datei gepackt und minifiziert.

Die Verbindung der beiden Welten benötigt beim Thema Modularisierung also eine Grundlage, die beide Laufzeitumgebungen bedient.

C.3 Alternativen zur Modularisierung

Aktuell gibt es zwei prominente Lösungsstrategien:

- das Nachladen von Modulen durch ein System, das die Modularisierung sowohl im Browser als auch unter Node.js ermöglicht.

- die Entwicklung in Node.js und das Umschreiben des Codes für den Browser. (Die umgekehrte Form, also im Browser zu entwickeln und in Node.js `<script>`-Tags zu analysieren, kommt nicht in Betracht.)

Für die erste Variante bietet sich aktuell nur die *Asynchronous Module Definition* (AMD) an. Zwar gibt es auch das in der Version 6 der ECMAScript-Spezifikation definierte Modulsystem; für den breiten Einsatz fehlt dafür aber eine größere Verbreitung in den Browsern und natürlich eine größere Zahl an Bibliotheken, die dieses System auch einsetzen.

Die zweite Variante lässt sich z. B. mit Browserify umsetzen. Bei diesem Werkzeug ist der Name Programm: Man schreibt den Code für Node.js mit all seinen – in Abschnitt 4.3 beschriebenen – require()- und module.exports-Befehlen entsprechend dem CommonJS-Modulsystem und „browserfiziert" den Code abschließend. Eine Alternative zu Browserify ist das Werkzeug webpack, das noch einen Schritt weiter geht und Module nicht nur im Node.js-spezifischen require-Format lädt, sondern auch Module im AMD-Format oder solche des ECMAScript-6-Systems. Der Code der Module wird so angepasst, dass sich ein großes Bündel schnüren lässt. Darin kann jedes Modul, unabhängig von seinem Ausgangsformat, seine Abhängigkeiten laden und nutzen – wiederum unabhängig von deren Ausgangsformat.

Da mit AMD Code entsteht, der sowohl unter Node.js als auch im Browser funktioniert, ist unser Drei-Schichten-Modell für diese Form der Modularisierung kein Problem: AMD funktioniert in beiden Laufzeitumgebungen, und es entstehen auch Tests, die in beiden Umgebungen lauffähig sind.

Das gleiche gilt für Browserify und webpack. Code und Tests werden initial für Node.js geschrieben. Zu dem Zeitpunkt sind beide Werkzeuge nicht aktiv, aber für den Browser schreiben Browserify und webpack sowohl den Code als auch die Tests um. So lassen sich auch hier die gleichen Tests in beiden Laufzeitumgebungen ausführen.

Eine weitere wichtige Anforderung für das Testsystem ist der Austausch einzelner Module durch Attrappen. Im Unit-Test ist dieses Vorgehen selbstverständlich, denn hier müssen reale HTTP- oder Datenbankzugriffe simuliert werden.

Sowohl AMD als auch webpack unterstützen einen solchen Austauch mit Hilfe zusätzlicher Werkzeuge. Für Browserify gibt es aktuell nach unserem Kenntnisstand keine funktionierende Möglichkeit, Module im Test so durch Attrappen zu ersetzen, dass dies auf die gleiche Art und Weise beim Testlauf unter Node.js und dem Browser funktioniert.

Leider liefert AMD sowohl im eigentlichen Code, aber vor allem im Testcode überaus umständliche Konstrukte. Insbesondere der Ersatz von Modulen durch Attrappen ist nahezu unlesbar.

Somit bleibt nur noch webpack als sinnvolle Alternative. Node.js-spezifischen Code nachträglich für den Browser umzuschreiben ist bei näherer Betrachtung auch weit weniger unsauber als man annehmen würde. Ohnehin wird Code, der für den Browser bestimmt ist, wohl immer modifiziert, bevor er im Client landet, indem man z.B. Module konkateniert und minifiziert. Der Code wird also verändert, auch wenn seine Struktur erhalten bleibt. So viel weiter ist der Schritt, die `require()`- und `module.exports`-Statements aus dem Node.js-Code zu ersetzen, dann auch nicht mehr.

Außerdem werden Code und Tests explizit umgeschrieben, um das Projekt und die Test-Suite im Browser lauffähig zu bekommen. Solange im Browser die gleiche Test-Suite wie unter Node.js läuft, wird natürlich auch die gleiche Form der Absicherung des Codes für den Browser als Laufzeitumgebung transportiert.

Mit webpack stützt sich unser Code auf die unter Abschnitt 4.3 beschriebene CommonJS-Modul-Struktur. `webpack` tritt dann auf die Bühne, wenn Code im Browser laufen und dafür umgeschrieben werden soll.

Die Testumgebung nutzt Mocha als Test-Framework, da es in beiden Laufzeitumgebungen lauffähig ist. Nur für den Einsatz im Browser wird Mocha durch Karma gekapselt, wobei sich Karma um den Transport des Codes in den Browser kümmert. Wenn es darum geht, einzelne Module durch Spione oder Attrappen auszutauschen, kommt `rewire` ins Spiel. Dieses kleine, aber feine Werkzeug funktioniert nämlich in CommonJS-Code und via Plugin in den von `webpack` für die Browser erzeugten Bundles.

Index